Wolfgang Raible · Dieter Groß

DIE FRÖHLICHE BOTSCHAFT

Wolfgang Raible · Dieter Groß

DIE FRÖHLICHE BOTSCHAFT

Predigten, Impulse und Karikaturen für
Gottesdienst und Gemeinde

HERDER

FREIBURG · BASEL · WIEN

Umschlagmotiv: Dieter Groß
Satz: Röser MEDIA GmbH & Co. KG, Karlsruhe
Herstellung: GGP Media GmbH, Pößneck

Printed in Germany

ISBN 978-3-451-30757-7
ISBN E-Book (PDF) 978-3-451-82757-0

INHALTSVERZEICHNIS

„Nebel in Rom" – Undurchsichtiges, Kurioses und Amüsantes aus dem Vatikan 33

„Nur der Schein trügt nicht" – Heilige und ihre Patronate 41

„Humor in der Kirche? Dass ich nicht lache!" Warum uns dieses Buch gerade noch gefehlt hat

Ich erinnere mich ganz genau: Bei meinem ersten Versuch bin ich kläglich gescheitert. Als junger Vikar wollte ich den alten Brauch des Osterlachens wiederbeleben und in der Predigt die Auferstehungsbotschaft mit humorvollen Gedanken und Geschichten verbinden. Aber was musste ich beim Blick in die Gemeinde sehen? Todernste und kritische Gesichter. Zuhörerinnen und Zuhörer, die keine Miene verzogen und denen kein Schmunzeln oder Lächeln zu entlocken war, geschweige denn ein herzliches und kräftiges Lachen. Nach dem Gottesdienst kam ein Mitglied des Kirchengemeinderats auf mich zu und sagte: „Heute haben Sie mich wirklich in Verlegenheit gebracht. Beinahe hätte ich gelacht – ich konnte es gerade noch unterdrücken."

Da ich davon überzeugt bin, dass unsere Frohe Botschaft nicht lust- und freudlos verkündet werden darf, habe ich mich durch diese ernüchternde Erfahrung nicht entmutigen lassen und weitere Versuche unternommen:

- in Meditationen und Besinnungstexten, die um die Freude als Markenzeichen der Christen kreisen;
- in Schüttelreimen, die manche alt- und neutestamentlichen Geschichten mit ungewohnten Worten und mit einem Augenzwinkern nacherzählen;
- in Glossen, die einige kuriose Meldungen und Zeitungsnotizen kommentieren und die im Lauf der Jahre und Jahrzehnte verschiedene Pfarrbriefe aufgelockert haben;
- in Limericks, die Amüsantes über das vielfältige haupt- und ehrenamtliche Engagement in unseren Gemeinden zu berichten wissen;
- in Stories über Heilige, die uns ein fröhliches und erfrischendes Christsein vorgelebt haben;

- in verschiedenen gereimten und ungereimten Oster- und Fastnachtspredigten, die kirchliche Schwächen aufs Korn nehmen und zu einem befreiten Lachen animieren möchten.

Hoffentlich spüren Sie beim Blättern in diesem Buch: Trotz aller Unzulänglichkeiten, Fehler, Skandale und Sorgen gibt es in unserer Kirche immer auch Grund zur Freude. Die liebevollen „Sticheleien" – zusammen mit den köstlichen „Stricheleien" von Dieter Groß – könnten dabei eine kleine Hilfe sein.

Ich wünsche Ihnen, dass Sie beim Lesen und beim Blick auf die Karikaturen nicht nur beinahe, sondern auch wirklich hin und wieder kräftig lachen, lächeln oder schmunzeln können; dass Sie sich durch die Bilder und die Texte anregen lassen, auch selbst manche Ereignisse und Entwicklungen in Kirche und Gemeinde durch die Brille des Humors zu betrachten; und vor allem: dass Sie Lust bekommen, an diesem Buch weiterzuschreiben oder weiterzumalen ...

Wolfgang Raible

Wer in der Kirche nichts zu lachen hat, nimmt entweder sie oder sich selbst zu wichtig.

Auch ich erinnere mich, obwohl es nahezu ein halbes Jahrhundert zurückliegt: Das damals vierseitige Gemeindeblättle „St. Elisabeth" im Stuttgarter Westen hatte sich zum Herbstbeginn 1971 „neu aufgemacht". Ich hatte den Titel visuell entrümpelt, eine Farbe hinzugefügt und mich überdies bereit erklärt, wöchentlich(!) eine kleine gezeichnete Vignette als „Aufreißer" beizusteuern. Man versprach sich mehr Beachtung für das, was so um den Kirchturm herum passierte, und mehr Kontakt von Haus zu Haus.

Hinter vorgehaltener Hand war alsbald zu hören, dass diese paar gezeichneten Striche wohl doch ein wenig „zu respektlos" seien. Offiziell gab es keinen Kommentar. Trotzdem habe ich tapfer und unverzagt über etliche Jahre hinweg das Konzept weiter begleitet, weil ich meine Kirche mag, und das Kitzeln an geeigneten Stellen tut ja gut in einer Zeit verbissener Klagelieder. Immer mal wieder, so auch im Februar 1973, erschien eine Aufforderung, das herzliche und befreiende Lachen nicht zu vergessen.

Erst nach meinem Wegzug auf die Fildern (und ich der „Vignetten-Pflicht" nicht mehr nachkam), erreichten mich diverse Meldungen, dass im Stuttgarter Westen „etwas" fehlt...

Dieter Groß

„DER AUSWEIS EINES CHRISTEN IST DIE FREUDE" – GEDANKEN ZUR FÄLSCHUNGS-SICHEREN KENNKARTE DER KIRCHENLEUTE

„Ich kannte eine Ordensschwester", erzählt Papst Franziskus bei einem Pfarreibesuch in Rom, „diese Schwester war gut, sie arbeitete … Aber ihr Leben bestand darin, sich zu beklagen, über viele Dinge zu jammern, die geschahen … Im Kloster nannten sie sie verständlicherweise ‚Schwester Jammer'. Aber ein Christ darf nicht so leben, indem er immer zu klagen sucht. Und es tut weh, Christen mit einem verbitterten Gesicht zu sehen, mit jenem ruhelosen Gesicht der Bitterkeit, das nicht im Frieden ist."

Sein Apostolisches Schreiben ‚Evangelii gaudium' und viele seiner Kurzansprachen in den Morgenmessen im Vatikangästehaus Santa Marta kreisen um die Freude, die Christen ausstrahlen sollen.

Hier ein paar Tipps in Wort und Bild, damit Sie locker durch die Ausweiskontrolle kommen …

Humoris Causa

Aus gut unterrichteten Kreisen im Vatikan ist zu hören, Päpstin Laetitia I. arbeite derzeit mit ihren engsten Vertrauten fieberhaft an einer neuen Verlautbarung zum anstehenden Heiligen Jahr 2500. Durch gezielte Indiskretionen sind auch schon Einzelheiten an die Öffentlichkeit gedrungen. Der Titel des Dokuments soll bereits feststehen: „Instruktion ‚Humoris Causa' über einige Dinge bezüglich der christlichen Freude, die einzuhalten und zu vermeiden sind". Hier einige Abschnitte, deren Wortlaut wir in Erfahrung bringen konnten.

Mit brennender Sorge beobachten wir, wie in unserer Mutter Kirche eine gewisse Humorlosigkeit um sich greift. Schon unser Vorgänger, Papst Serenus III., hat in seiner wegweisenden Enzyklika „Risus Paschalis" (Österliches Lachen) auf diese Gefahr hingewiesen ...

Zur beständigen Lehre der Kirche gehört, dass wir der Welt eine Frohe Botschaft zu verkünden haben. Leider wurde diese Lehre immer wieder vergessen. Den Satz des Theologen Johannes Chrysostomus (4.Jh.) „Christus hat nie gelacht" interpretieren manche so, dass auch die Christen nichts zu lachen hätten, und dass an einer ernsten Miene wahres Christsein abzulesen wäre. Demgegenüber erinnern wir an den großen Thomas von Aquin, nach dem „unerschütterliche Fröhlichkeit" und „zwanglose Heiterkeit" die Merkmale der Gläubigen sein sollen. Außerdem rufen wir den evangelischen Theologen Karl Barth ins Gedächtnis, der sagt: „Wer die Osterbotschaft gehört hat, kann nicht mehr mit tragischem Gesicht umherlaufen und die humorlose Existenz eines Menschen führen, der keine Hoffnung hat ..."

Deshalb erklären wir das kommende Jahr zum „Jahr des christlichen Humors": In allen Kirchen soll in der Osternacht das Osterlachen erklingen. Die Ritenkongregation wird angewiesen, dafür entsprechende Formen zu entwickeln und den Predigern eine Sammlung lustiger Geschichten an die Hand zu geben ...

Bei manchen Mitschwestern und –brüdern im bischöflichen Amt sind moralinsaure, farblose und langweilige Hirtenbriefe leider zur Gewohnheit geworden. Dies trägt zur Verdunkelung des Glaubens bei. Die Christgläubigen haben ein Recht auf die volle, unverkürzte und wahre Freude ...

Die Theologen bitten wir, uns immer tiefer in die Frohe Botschaft hineinzuführen. Warnen müssen wir allerdings davor, auf der Suche nach bisher unbekannten humorvollen Worten Jesu den Boden der wissenschaftlichen Forschung zu verlassen. Es ist nicht erlaubt, weiter zu behaupten, Jesus habe zu seinen Jüngern gesagt: „Ich bin der Weinstock, und ihr seid die Flaschen!" ...

Aufhören muss die verwerfliche Praxis, dass Gottesdienstleiterinnen und –leiter mürrisch und verdrossen der Liturgie vorstehen und freudlos das Evangelium verkünden. Wo der Bitte der Gläubigen um frohe und lebendige Gottesdienste nicht entsprochen wird, haben sie das Recht, Klage beim Apostolischen Stuhl einzureichen ...

Unser größter Wunsch ist, dass durch die sorgfältige Anwendung dieser Vorschriften die Humorlosigkeit aus unserer Kirche verschwindet und aufgrund der Fürsprache der Heiligen Teresa von Avila, Philipp Neri und Johannes Bosco Unbekümmertheit und Fröhlichkeit wieder Einzug halten und das österliche Lachen hell und frisch erklingen kann.

PS: Die Enthüllungsplattform „Pontileaks" hat inzwischen manche Passagen dieser Instruktion als Plagiate identifiziert. Päpstin Laetitia I. soll von der Liturgie-Instruktion „Redemptionis Sacramentum" abgeschrieben haben, die einer ihrer Vorgänger, Papst Johannes Paul II., in Auftrag gegeben hatte, und die im Jahr 2004 erschienen war. Es wird erwogen, der Päpstin den Titel „Mater et Magistra" abzuerkennen.

Freudloser Verkünder

Franziskus und die Bindestrich-Christen

Noch vor ein paar Jahren hätte ich nicht im Traum daran gedacht, auf der Suche nach originellen und humorvollen Gedanken in einer Enzyklika zu blättern oder päpstliche Reden und Ansprachen zurate zu ziehen. Aber seit seinem ersten Erscheinen auf dem Balkon von St. Peter mit dem legendären „Buona sera" überrascht mich Papst Franziskus immer wieder mit markigen Sprüchen und unkonventionellen Begriffen, die zum Schmunzeln anregen. Ein Wort taucht in seinen Texten besonders häufig auf: Freude. In immer neuen Anläufen beschreibt er, was er unter christlicher Freude versteht – und wie wichtig es ist, dass wir diese Freude auch leben und ausstrahlen. Um sein Anliegen zu verdeutlichen, stellt er uns als abschreckende Beispiele amüsante Karikaturen von Christen vor Augen, die seiner Meinung nach haarscharf am Evangelium vorbeileben.

Papst Franziskus wünscht sich von uns eine *missionarische Freude* – die Dynamik des Aufbruchs; die Begeisterung, das weiterzusagen, was uns erfüllt; den Wunsch, die Botschaft Jesu, aus der wir leben, mit anderen zu teilen. Und er warnt uns davor, „Wohnzimmer-Christen" zu werden, die sich behaglich in ihrem Glaubensgebäude einrichten und kein Engagement zeigen. Möchtest du so ein träger und kraftloser „Salon-Christ" sein, der nicht den Mut hat, das Evangelium in die Welt hinauszutragen? – stichelt er.

Außerdem erhofft sich Franziskus eine *kreative Freude* – die Lust auf Erneuerung des eigenen und des kirchlichen Lebens; das Interesse an der Vielfalt der Möglichkeiten, die Ideen Jesu zu verwirklichen; den Spürsinn für ungewohnte und spannende Wege. „Mumien-Christen" nennt er diejenigen, die sich gegen jede Veränderung sträuben und nur das gelten lassen, was immer schon so war – „Doktoren des Buchstabens", die sich an kleinliche Gesetze klammern und anderen das Leben schwer machen. Nein, so ein „Museums-Christ" willst du bestimmt nicht sein – provoziert der Papst.

Er träumt auch von einer *bescheidenen Freude* – von einer inneren Zufriedenheit; von einer ungekünstelten Fröhlichkeit; von einer Lebenslust, die sich am Glück der anderen mitfreuen kann. Ein Gräuel sind ihm die „Pfauen-Christen", die sich aufplustern und für etwas Besseres halten; die Wichtigtuer, denen es vor allem um die eigene Macht geht; die „Kletterathleten", die nur ihre Karriere im Blick haben und immer nach oben wollen. „Ein ganz normaler Besuch auf dem Friedhof kann uns helfen, die Namen all der Personen zu sehen, die sich für unersetzbar hielten" – sagt

Franziskus ganz trocken in seiner Weihnachtsansprache an die Kardinäle. Wir können darin seinen – in Ironie verpackten – Rat hören: Pass auf, dass du kein eitler, pfauenhafter Christ wirst, dessen Leben einer Seifenblase ähnelt, die nach einer Sekunde platzt!

Und schließlich erwartet Franziskus von den Christen eine *herzliche Freude* – eine Freude, die wirklich aus dem Herzen kommt; eine heitere Zuversicht, die das ganze Leben prägt; eine engagierte Gelassenheit, wie sie uns Jesus in der Bergpredigt ans Herz legt *(Mt 6,24-34)*. Wo die Glaubensfreude nur aufgesetzt ist, spricht Franziskus spöttisch von „Zuckerbäcker-Christen", die zwar „schön anzusehen sind, aber nur wenig beinhalten". Sei kein „Fassaden-Christ", frotzelt er – kein „Schein-Christ", der sich nur auf christlich schminkt, dem aber die Schminke schon beim ersten Regenguss herunterläuft.

„Der Ausweis eines Christen ist die Freude" – Ich bin gespannt, wie viele neue Bindestrich-Christen Papst Franziskus noch erfindet, um uns vor einem freudlosen, verklemmten, trägen und oberflächlichen Christsein zu warnen – und uns so ein frohes, herzliches und attraktives Glaubensleben schmackhaft zu machen.

Himmlische Freude auf menschlichen Gesichtern

Schon der Psalmist hat sich gedacht:
„Der in den Himmeln thront, er lacht."
Und wer im Neuen Testament
die Texte etwas näher kennt,
der weiß: Wenn aus dem alten Trott
ein Sünder ausschert, freut sich Gott
und die, die seinen Thron umstehn
(vergleiche Lukas 15,10).

Wenn's nun schon in den höchsten Kreisen
so fröhlich zugeht, muss das heißen:
Die Menschen dürfen hier auf Erden
auch nie zu Trauerklößen werden.

Gott selbst befiehlt dem Führer Moses:
„Sag Pharao: Ich will ein großes
und frohes Fest des Volkes sehen!
Lass sie doch in die Wüste gehen!
Dort sollen sie mir kräftig feiern,
mit Tanz und Spiel, mit Pauken, Leiern
(in Exodus zu lesen wär's –
Kapitel 5, der 1.Vers).

Sogar der Skeptiker vom Dienst,
Kohelet, der für Luftgespinst
und Windhauch alle Dinge hält,
gibt zu, es muss in dieser Welt
auch eine Zeit zum Lachen geben,
zum Tanzen und zur Lust am Leben.
Denn ohne das verzweifeln wir
(Kohelet 3, Vers 12 und 4).

Und - last not least - die ersten Christen,
Jakobus, die Evangelisten,
und Petrus, Paulus - alle schreiben:
Wer Jesus kennt, kann fröhlich bleiben -
sogar in Not und in Bedrängnis,
in Angst und Leid und im Gefängnis;
vorausgesetzt, er spürt dahinter
die Gnade Gottes (2 Korinther).

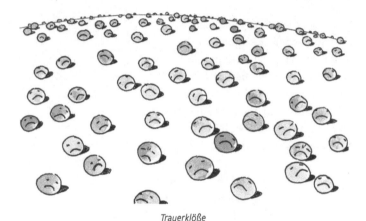

Trauerklöße

Es steht noch vieles in der Schrift,
was diese Fröhlichkeit betrifft.
Nur hilft es nichts, wenn wir's bloß lesen.
Wir müssen doch durch unser Wesen
und durch die Art, in der wir leben,
von dieser Freude Zeugnis geben.
Die Frohe Botschaft bleibt ein Witz;
sie hat im Leben keinen Sitz,
wenn wir sie in Gebote pressen
und andere an ihnen messen;

wenn unser Blick, wie Nietzsche klagt,
so unerlöst ist und verzagt;
wenn wir - von Freude keine Spur –
verbissen sind und steif und stur;
wenn wir, anstatt charmant zu lächeln,
die Fehler anderer verhächeln;
wenn wir verkrampft die Stirne runzeln,
anstatt gelegentlich zu schmunzeln.
Dann fragt sich mancher doch: „Wieso?
Ist ihre Botschaft denn nicht froh?"

Drum muss ein Christ bei frohem Treiben
auch keineswegs im Abseits bleiben.
Er soll vergnügt sein, tanzen, lachen
und essen, trinken, Späße machen.
Nur soll er's tun zu Gottes Ehre –
sagt Paulus bei der Christenlehre
in 1 Korinther, so viel weiß ich
(Kapitel 10, Vers 31).

„VOR GEBRAUCH SCHÜTTELN!" – NEUE VERSE ZU GESCHICHTEN DES ALTEN TESTAMENTS

„Schüttelreime machen Lust,
möglich, dass du lachen musst"

Möglich, dass Sie plötzlich ganz neue Aspekte in den alten Geschichten entdecken.

Möglich, dass Sie sich einfach an den Wortspielen und Buchstabenverdrehern erfreuen.

Möglich, dass Ihnen beim Lesen ein Lächeln auf die Lippen kommt.

Möglich aber auch, dass Sie diese Bibelverse unmöglich finden.

Möglich, dass Sie sich auf die köstlichen Bilder konzentrieren und darüber schmunzeln müssen.

Probieren Sie es aus ...

Adam und Eva

Was zart begann als kleine Rippe -
für Adam war's die reine Klippe,
denn Evas Apfel ließ ihn fallen.
Man hörte nur noch fies ihn lallen:
„Es war die Frau! Ihr stetes Werben
ist schuld, dass wir – ich wett' es – sterben."
Kaum setzt er mit dem Reden aus,
sind beide schon aus Eden raus.
Moral: Bevor man beiße – Schauen!
Sonst wird man häufig ... *Fehler machen.*

Der Sündenfall im Fokus

Kain und Abel

Kaum war'n die beiden Miesen fort,
gab's schon den ersten fiesen Mord:
Der Kain wagt, um es schlicht zu sagen,
den Abel ins Gesicht zu schlagen,
aufs Feld zu locken, hier zu meucheln.
Gott sprach: Hör auf, vor mir zu heucheln.
Man sieht doch dir, dem Ackermann,
sofort den bösen Macker an!
Wie konnte ich nur Hirne bauen,
die andern auf die Birne hauen
und schaden wollen, locken, hassen,
sich gegenseitig hocken lassen?
Zur Strafe auf der Erde wandern
wirst du ab jetzt. Ich werde andern
gleich sagen: Lasst den Kain mir laufen!
Den werde ich allein mir kaufen!"
Worauf sich Kain nach Osten wendet
und laufend rätselt, wo's denn endet.

Noah

Gott sah die Welt und musste weinen.
Dann sagte er: „Ich wusste, meinen
Geschöpfen kann ich kaum noch trauen.
Daran muss ich im Traum noch kauen,
dass sie nur lügen, hauen, stehlen,
das Diebesgut verstauen, hehlen.
Ich lasse diese Welt vergehen,
die Menschen und ihr Geld verwehen,
und setz' ein End' der miesen Rasse
mit Wasser – einer Riesenmasse.

Doch hör ich auch der Guten Flehen:
Dass sie nicht in die Fluten gehen,
ist klar, drauf könnt ihr richtig wetten.
Ich will – das ist mir wichtig – retten
den Noah, dazu Mäuse, Löwen –
pro Tier ein Paar, auch Läuse, Möwen ..."
Sofort fängt Noah an zu planen
- er scheint wohl Gottes Plan zu ahnen -
und baut ein Schiff aus feinen Ästen.
Er will, wenn's schüttet, einen festen,
geschützten Raum für seinen Clan
 - die Großen und die Kleinen – sehn.
Bald sieht man Noah roden, sägen,
die Arche bau'n, um so den Regen
zu übersteh'n durch seinen Kahn,
wie Mensch und Tier noch keinen sah'n.
Um Plätze zu erhaschen, rasen
ins Schiff sofort die raschen Hasen,
gefolgt von beiden flinken Ziegen,
die fast auf ihre Zinken fliegen.
Kaum ist die Arche prall gefüllt,
hat Noah – Knall auf Fall – gebrüllt:
„Die Schotten dicht! Die Leine kappen!
Von jetzt an helfen keine Lappen.
Es schüttet wie aus einem Kübel –
ich hoffe, es wird keinem übel.
Und dass ihr auf der Wellenfahrt
mir Ruh' in allen Fällen wahrt!"
Die Flut steigt schnell, deckt Wald und Acker,
und Noah rettet – alt und wacker –
den Hochseezoo und seine Lieben
(grad ohne ihn alleine sieben).
Niemand muss jämmerlich versaufen –
und als die Wasser sich verlaufen,
sieht man von Bord sie – dankend – schwanken
und Gott an Land – noch schwankend – danken.

Noahs Maß-Nahme

Jakob

Die Priester Baals um Regen singen,
der Jakob muss um Segen ringen.

Jona

Der Herr spricht: „Jona, gehe flott
nach Ninive!" – „Ich flehe, Gott",
sagt Jona, „lass 'nen weiser'n andern
an meiner Stelle eisern wandern!"
Gott denkt sich: Den Propheten-Tricks
will ich entgegentreten fix,
am Kragen diesen Laxen fassen –
dann wird er seine Faxen lassen
und bald schon seine Sucht verfluchen
nach immer neuen Fluchtversuchen.
Im Walfischbauch drei Tage lang
– als Nahrung nur 'ne Lage Tang –
muss Jona Atem holen, fasten,
und dann – wie Gott empfohlen – hasten,
zur Stadt, und mit 'nem derben Wort
für eine Umkehr werben dort.
Er droht: „Geht endlich beichten, Leute!
Ihr werdet sonst zur leichten Beute.
Gott straft und richtet böse Taten."
Die Leute mit Getöse baten:
„Verschon' uns, Gott, und gib uns Leben,
weil wir ab jetzt ganz lieb uns geben."
„Auf meinen Plan, euch zu vernichten,
will ich", spricht Gott, „im Nu verzichten –
falls ihr auf meinen Wegen geht,
auch wenn euch Wind entgegenweht."
Dass nun die Niniviten sagen,
sie wollten neue Sitten wagen;
dass Gott, weil er die Leute mag,
sehr viel an dieser Meute lag –
das lässt den Jona heulen, bocken,
und stur auf seinen Beulen hocken.
Doch er kann noch so mächtig trotzen
und ständig niederträchtig motzen:

Bei Gott steht – dürfen alle hoffen –
ganz weit die Himmelshalle offen.

Vom Jona-Buch die weise Lehre:
Egal, ob ich mich leise wehre –
Gott schafft's, dass ich statt meine Sache
am Ende doch die Seine mache.

„NEBEL IN ROM" – UNDURCHSICHTIGES, KURIOSES UND AMÜSANTES AUS DEM VATIKAN

Der Schlager singt zwar melancholisch von vergangenen schönen Tagen in der ewigen Stadt, aber der Titel könnte auch gut zu verschiedenen undurchsichtigen Vorgängen, Machenschaften, Verlautbarungen und Personalentscheidungen im Vatikan passen.

Egal, ob wir an Dämpfe aus der Gerüchteküche oder Rauchschwaden des Höllenfeuers denken – wir versuchen manches, was uns in den letzten Jahren und Jahrzehnten entgegengeweht ist, mit einem Augenzwinkern zu kommentieren. Und vielleicht gelingt es uns, mit Malstift und spitzer Feder die eine oder andere Nebelwand zu durchstoßen ...

Episkopoly

So heißt das Spiel, das sich hinter den Mauern des Vatikan schon seit vielen Jahren großer Beliebtheit erfreut. Durch Indiskretionen gelangten vor Kurzem einige Passagen der Spielanleitung an die Öffentlichkeit.

Der Spielplan soll aus einer Landkarte bestehen, in die verschiedene Diözesen eingezeichnet sind. Als Spielfiguren dienen angeblich kleinere oder größere Hütchen, und jeder, der auf das Feld einer Diözese kommt, muss eine Ereigniskarte ziehen.

Im Gepäck eines vatikanischen Geheimdiplomaten fand man neulich vier dieser Karten.

Auf der Ereigniskarte für Chur stand: „Du hast hier ganze Arbeit geleistet. Rücke vor bis Liechtenstein! Gehe dabei über Rom und lass dir den Titel ‚Erzbischof‘ verleihen!"

Auf der für Evreux: „Du hast die Botschaft Jesu zu ernst genommen. Geh wie er in die Wüste und scheide aus dem Spiel aus!"

Auf der für Fulda: „Du hast bisher kein Fettnäpfchen ausgelassen. Wenn dich niemand mehr in seinem Feld sehen will – in Rom stehen dir alle Türen offen."

Und auf der für Limburg: „Du hast dir für 31 Millionen Euro eine bescheidene Bischofsresidenz mit Fitnessraum, Regenwalddusche und Zierfischwasserbecken gebaut. Ziehe gleich weiter nach Rom. Du wirst „Delegat für Katechese" im päpstlichen Rat zur Förderung der Neuevangelisierung. Denn wer könnte überzeugender als du neue Wege entwickeln, die christliche Botschaft in die Welt zu tragen."

Episkopoly – ein wirklich lustiges Spiel. Wenn dabei nur nicht so viel Kredit verspielt würde ...

Schmunzelndes Dreigesicht

Ein „heißes" Eisen ...

Über 300 Jahre lang ließ man uns schmoren. Brennend haben wir alle darauf gewartet – endlich, im Jahr 1999 wurden sie veröffentlicht: die neuen Richtlinien des Vatikan für Teufelsaustreibungen, für den Exorzismus.

Leider drangen nur ganz wenige Einzelheiten aus der 90-seitigen Sammlung von Beschwörungsformeln an die Öffentlichkeit.

Bei so viel Geheimhaltung müssen wir höllisch aufpassen, dass wir nicht in Teufels (Gerüchte-) Küche kommen: Man munkelte nämlich gleich nach dem Erscheinen, der Papst habe seinen Mitarbeitern die Hölle heiß gemacht, damit sie den Namen ‚Maria' häufiger in die Exorzismusgebete einbauen.

Zu unserer großen Enttäuschung war in dem neuen Ritus nichts Genaues darüber zu erfahren, wie man sich am besten gegen den Druckfehler-Teufel schützt; wie man den Teufel, der im Detail steckt, bekämpfen kann; wie man die Wand wieder sauber bekommt, an die jemand den Teufel gemalt hat; wie man vom verführerischen Heißhunger nach „Teufelsbirnchen" geheilt werden kann.

Eines wurde allerdings ganz deutlich gesagt: Jeder Exorzist braucht eine ausdrückliche Genehmigung von seinem Bischof. Also Vorsicht! Wenn Sie in Zukunft beten wollen „auf Teufel komm raus" – bitte zuerst die Erlaubnis holen ...

Exorzisten-Handlung

Er kommt

Diese Nachricht hat mich vor vielen Jahren buchstäblich vom Hocker gehauen: Er kommt – der fünf Kilo schwere Polster-Betschemel „Devotum", der zusammengeklappt ins Handgepäck passt und ohne Werkzeug aufzubauen ist. Eine italienische Möbelfirma hatte diesen Betschemel erfunden, und das vatikanische Komitee für das Jubeljahr 2000 erkannte „Devotum" als offizielles Jubiläums-Produkt an.

In meine unbändige Freude über diese Erfindung mischten sich aber einige Fragen: Warum kommt er erst jetzt? Warum so spät? Warum muss ich bis heute einen nicht zusammenklappbaren Betstuhl mit mir herumschleppen oder – wenn ich ein anderes Modell wähle – Einzelteile transportieren, die ich dann vor Ort mit Werkzeug mühsam zusammenmontieren darf? Warum hat man mir bis jetzt das Beten so schwer gemacht?

Und nicht zuletzt: Warum ist „Devotum" so teuer? 350 Euro soll der Betschemel kosten. Bei diesem Preis erwarte ich schon einige Extras – z.B. eine Düse, die mich automatisch im Viertelstundenrhythmus mit Weihrauch versorgt, eine eingebaute Spieluhr, die auf Knopfdruck das vertraute „Großer Gott, wir loben dich" erklingen lässt, oder einen Mini-Computer, der mir per Online-Banking das Überweisen meines Opfergeldes erlaubt.

Wenn mir „Devotum" das alles bietet, werde ich ihn täglich zusammengeklappt in meinem Handgepäck bei mir tragen.

Heitere Aussichten ...

Vergessen Sie alles, was Sie über die Liturgiereform des II. Vatikanischen Konzils wissen. Bald wird eine Erneuerungsflut über unsere Gottesdienste hereinbrechen, die alles bisher Dagewesene in den Schatten stellt.

Angefangen hat es – von der Weltöffentlichkeit kaum beachtet – auf Hawaii. Dort hat, mit römischer Erlaubnis, vor einiger Zeit der Bischof von Honolulu in allen Kirchen seiner Diözese den Hula-Tanz zugelassen. Er gehöre zu den traditionellen Riten, die seinen Gläubigen „heilig" seien.

Nicht auszudenken, wenn das Schule macht: Wenn die bayrischen Bischöfe das Schuhplatteln in die Gottesdienste einführen, wenn das traditionelle Fingerhakeln plötzlich den Friedensgruß mit dem Nachbarn ersetzt.

Oder wenn der Wiener Kardinal den Walzer als Ritus zum Einzug propagiert, wenn in der Schweiz das Halleluja künftig gejodelt und durch einen Fahnenschwinger bekräftigt wird ...

Levitierter Gottesdienst-Einzug in Wien

Sportlich

Sehr nachdenklich gemacht hat mich schon vor vielen Jahren eine ganz unscheinbare Pressemeldung zum Sport: Der Vatikan ist dem Internationalen Leichtathletik-Verband beigetreten.

Ich bin überzeugt: Dieser Entschluss wird auf lange Sicht die Leichtathletik-Szene völlig verändern. In den Lauf- und Sprungdisziplinen wird es zwar noch eine Weile dauern, bis der Vatikan Anschluss an die Weltspitze gefunden hat - Schnelligkeit und Spritzigkeit gehören bisher noch nicht zu seinen Stärken. Aber das Hammerwerfen und Speerwerfen wird er sofort dominieren. Die bisherigen Trainingsleistungen lassen aufhorchen, und wir müssen damit rechnen, dass der Vatikan auch in Zukunft gewaltige Hämmer loslässt und die Reichweite seiner Speerspitzen noch steigern kann.

Vor allem aber im organisatorischen Bereich wird er mit seiner jahrhundertelangen Erfahrung völlig neue Maßstäbe setzen: Wer weiß besser, wie man die Latte hoch legt? Wer ist so geübt im Aufbauen von Hürden und Hindernissen? Wer kann so gut Disqualifikationen aussprechen, wenn jemand die vorgeschriebene Bahn verlassen hat?

Insgesamt wird der Vatikan ein echter Gewinn für die Leichtathletik sein - vorausgesetzt, Weihrauch wird nicht auf die Liste der unerlaubten Dopingmittel gesetzt ...

„NUR DER SCHEIN TRÜGT NICHT" – HEILIGE UND IHRE PATRONATE

„Heiliger Sankt Florian, schütz unser Haus, zünd andre an!" – Mit diesem Spottvers ruft man sich schnell in Erinnerung, dass dieser Heilige als Helfer gegen Feuergefahr verehrt wird. Bergleute und Tunnelbauer erhoffen sich Schutz von der heiligen Barbara. Antonius von Padua fleht man an, wenn man verlorene Gegenstände wiederfinden will, und die heiratswilligen Mädchen nehmen Zuflucht zum heiligen Nikolaus.

Aber hätten Sie gewusst, das Papst Julius I. Patron der Latrinenreiniger ist, der Einsiedler Fiacrius die Droschkenkutscher beschützt, oder dass Piloten und Raumfahrer sich Josef von Copertino zum Schutzheiligen erwählt haben, weil der in religiöser Verzückung hin und wieder vom Boden abgehoben und durch die Kirche geschwebt sein soll.

Und überhaupt: Wer soll bei Tausenden von Heiligen und Patronaten noch den Überblick über die jeweiligen Zuständigkeiten behalten?

Mit einem interessanten Vorschlag garantieren wir eine hohe Trefferquote.

Lassen Sie sich auf den folgenden Seiten zu einem kleinen Test einladen: Betrachten Sie nur die Bilder und decken Sie einfach die kurzen Verse ab – in kürzester Zeit werden Sie zu Experten ...

Antonius der Eremit

Er lebt alleine in der Wüste,
kämpft gegen fleischliche Gelüste,
wird oft gemalt mit einem Schwein:
Er muss Patron der Metzger sein.

Hubertus

Bei dem, der Mathematik lehrt,
ist er als Helfer sehr begehrt.
Für Geo, Algebra – kein Witz,
schenkt er so manchen Geistesblitz.

Dominikus

Wenn Regen, Schnee und Hagel droht,
ist er der Retter in der Not.
Des Himmels Schleusen steh'n ja offen –
du darfst auf seinen Beistand hoffen.

Katharina von Siena

Wenn dich das Kopfweh drückt und plagt,
selbst „Spalt" und „Aspirin" versagt –
dann bitte sie um Linderung:
Sie sorgt für Schmerzensminderung!

Franz von Sales

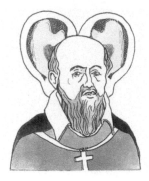

Ein Mensch mit einem Ohrenleiden
ist ganz gewiss nicht zu beneiden.
Doch steht im Himmel schon bereit
ein Helfer, der sein Ohr ihm leiht.

Katharina von Alexandrien

Hast du ein Rad ab, läuft's nicht rund,
sind deine Reifen auf dem Hund:
Sie sorgt sofort – dreht sich's ums Rad –
für dich mit ihrem Patronat.

Bernhard von Clairvaux

Gar nicht romantisch, sondern nüchtern
geht's zu bei Imkern, Bienenzüchtern.
Doch bei der Honigproduktion
hilft ihnen gern ihr Schutzpatron.

Gregor der Große

Oft meint man, nur Cäcilia
sei für Musik und Singen da.
Jedoch auch er beschützt schon länger
die Sängerinnen und die Sänger.

Antonius von Padua

Man sendet ihm ein Stoßgebet,
wenn einem was verloren geht.
Doch ist der Mann aus Padua
auch für die Eheleute da.

Paulus

Ob Trosse, Tau und Abschleppseil –
wie oft benützt man so ein Teil.
Der Seiler, der es flechten kann,
ruft ihn um seinen Beistand an.

Petrus

Wer Uhren macht und repariert,
doch dabei die Geduld verliert,
der kann zu ihm Gebete schicken –
bis alle wieder richtig ticken.

Philipp Neri

Wenn du als Clown und Humorist
ganz einfalls-, witz- und geistlos bist –
dann sprühst du bald schon vor Ideen:
du musst nur ihn um Rat anflehen.

„LACHET UND BETET!" – LUSTIGE LIMERICKS ZUM GEMEINDELEBEN

Von Menschen aus kirchlichen Kreisen
mit kleinen und größeren Meisen
woll'n wir jetzt berichten
mit Bildern, Gedichten –
und hoffen, nicht zu entgleisen.

Die verschiedenen Berufsgruppen und ehrenamtlichen Dienste in unserer Kirche und in unseren Gemeinden bieten ein unerschöpfliches Reservoir an humorvollen Geschichten und Anekdoten, ebenso die Verbände mit ihren unterschiedlichen Aktivitäten – der katholische Sportverband in Deutschland (DJK), die katholische Arbeitnehmer-Bewegung (KAB), das Kolpingwerk Deutschland, die deutsche Pfadfinderschaft St. Georg (DPSG).

Lassen Sie sich überraschen ...

Kirchliches Bodenpersonal

Kardinäle in festlichen Röckchen
betreten auf samtroten Söckchen
die Papstresidenz
zur Privataudienz
wegen mancher geschossener Böckchen.

Ein Bischof in voller Montur
machte stets eine gute Figur.
Aber das war auch alles,
denn im Falle des Falles
war er eitel, kleinlich und stur.

In Köln, als es lang schon nach Acht war,
besuchte ein Mönch eine Nachtbar –
bis nach vier Litern Punsch
– gegen eigenen Wunsch –
er zurück in sein Kloster gebracht war.

Abendliche Heimkehr eines Mönchs

Ein frommer Pfarrer aus Oker
ist leidenschaftlicher Zocker.
Mit seinen Tricks
fegt er wie nix
seine Mitspieler locker vom Hocker.

Ein Prediger sucht in Baden
vergeblich den roten Faden.
Er spricht und spricht,
bis es unten sticht –
es ist ein Krampf in den Waden.

Mesner

Ein Mesner, der heimlich gern spielte,
las einst in der Zeitung: man hielte
den Weihrauch – ganz ehrlich –
als Joint für gefährlich.
Kein Wunder, dass er bald dealte.

Ein Mesner aus Diez an der Lahn
war vom Messwein sehr angetan,
steckte Flasche um Flasche
in die eigene Tasche.
Zum Dienst kam er immer per Bahn.

Ministranten

Zwei Minis in Kleve-Kellen
überboten sich ständig beim Schellen.
Doch in der Gemeinde
machten sie sich nur Feinde,
und die Schellen – die haben jetzt Dellen.

Zwei Messdiener wollten in Owen
bei Nacht einen Opferstock klowen.
Doch – wach wie die Eule –
stand hinter der Säule
der Mesner und hat sie verhowen.

In Flagranti

Lektoren

Bei einem Lektor aus Hille
war der Geist zwar stark, doch der Wille
war schwach – und sein Lallen
wollte niemand gefallen,
denn er las oft mit ein paar Promille.

Ein anderer Lektor aus Bern
verwechselt die Buchstaben gern:
Er liest ‚e' anstatt 'o'
und das klingt etwa so:
„Herr, verschene uns ver deinem Zern!"

Ein älterer Lektor aus Worcester – *
Mann, das ist vielleicht ein Morcester:
Immer am Ambo
wird er zum Rambo,
rastet aus beim geringsten Horcester.

*Wer den Namen dieser Stadt in der englischen Grafschaft Worcestershire korrekt aussprechen kann, ist bei diesem Limerick eindeutig im Vorteil.

Kirchliche Verbände

Ein Skuller der DJK Duderstadt,
der zur Frau ein furchtbares Luder hat:
Wenn er täglich trainiert,
doch beim Rennen verliert,
verhaut sie ihn mit seinem Ruderblatt.

Ein paar Männer der KAB Andernach
hatten leider sehr oft miteinander Krach.
Zuerst noch verbal,
bis der eine brutal
das Nasenbein bei einem andern brach.

Ein Wölfling der DPSG
liebte Lagerfeuer und T.
Doch die Abenteuer
waren ihm nicht geheuer:
Dabei brach er sich ständig den C.

Kolpingbrüder – ich les' es –
wollten nen anderen Präses.
Sie hofften, ein Neuer
hätte etwas mehr Feuer
unterhalb seines Gesäßes.

Feuriger Präses

Die Damen vom Frauenbund Wacken
versuchten mal, Törtchen zu backen.
Die war'n leider kein Hit,
sondern hart wie Granit –
man musste sie später zerhacken.

TOD, WO IST DEIN SIEG? TOD, WO IST DEIN STACHEL?

1 KOR 15,55

„DIE LETZTE WAFFE DER HOFFNUNG" – OSTERPREDIGTEN MIT DER LIZENZ ZUM LACHEN

Das Osterlachen –

im Mittelalter fester Bestandteil der Ostergottesdienste;

die einzige Form, in der das Lachen in die christliche Liturgie integriert war;

ein Symbol für die Überlegenheit und den Sieg Christi über den Tod;

leider seit Ende des 19. Jahrhunderts fast ganz aus unseren Kirchen verschwunden.

Schade – aber es spricht nichts dagegen, diesem alten Brauch wieder Leben einzuhauchen ...

Das Sakrament des befreiten Lachens

Wenn wir das Zeitrad um 500 Jahre zurückdrehen könnten, dann würden Sie in dieser Osternacht ein seltsames Spektakel, einen großen Klamauk erleben: Sie müssten damit rechnen,

- dass der Pfarrer – quiekend wie ein Schwein – durch die Kirche rennt;
- dass er wie ein Kuckuck ruft, wie ein Hahn kräht oder wie eine dumme Gans schnattert.

Sie müssten darauf gefasst sein,
- dass er Ihnen eine Mönchskutte anzieht und von Ihnen verlangt, Priester zu spielen;
- dass er derbe Schwänke zum Besten gibt oder erzählt, mit welchen Mitteln der Apostel Petrus die Wirte um die Zeche betrogen hat.

Wenn wir das Zeitrad um 500 Jahre zurückdrehen könnten, dann würden jetzt manche von Ihnen brüllen vor Lachen, andere würden entrüstet, angewidert und mit hochrotem Kopf die Kirche verlassen.

Der damals übliche Brauch des Osterlachens spaltet auch die Theologen in zwei Lager: Die einen kämpfen erbittert gegen die oberflächliche Gewohnheit, an Ostern die Predigt einfach durch Witze oder durch das Nachahmen von Tierlauten zu ersetzen. Die anderen verteidigen das Ostergelächter mit verschiedenen Argumenten:

- Es verhindert, dass die Prediger an Ostern in leeren Kirchen sprechen müssen.
- Es sorgt dafür, dass die Gläubigen – ermüdet durch bis zu neun Stunden lange Fastenpredigten – bei der Osteransprache nicht einschlafen.
- Es unterstreicht den Psalmvers: „Das ist der Tag, den der Herr gemacht hat, wir wollen jubeln und uns an ihm freuen."

Genau diesem letzten Argument haben wir es zu verdanken,

- dass das Osterlachen trotz bischöflicher Verbote nie ganz aus unseren Gottesdiensten verschwunden ist;
- dass sogar mit dem „Imprimatur", mit kirchlicher Druckerlaubnis, umfangreiche Witzesammlungen erschienen sind, damit den Predigern der Stoff nicht ausgeht;
- dass der derbe Klamauk sich mit der Zeit in eine fröhliche Heiterkeit verwandelt hat.

Selbst Joseph Ratzinger, später Papst Benedikt XVI. – bei dem viele nicht sofort an Freude und Humor denken, – selbst er kann diesem alten Brauch etwas abgewinnen: „Zur österlichen Liturgie gehörte einst der risus paschalis, das österliche Lachen ... Das mag eine etwas oberflächliche und vordergründige Form christlicher Freude sein. Aber ist es nicht eigentlich doch etwas sehr Schönes und Angemessenes, dass Lachen zum liturgischen Symbol geworden war?"

Lachen als liturgisches Symbol – oder anders gesagt: als Sakrament, als Zeichen der österlichen Freude. Lachen als sichtbares und vor allem hörbares Glaubenszeugnis, als Ausdruck unserer Überzeugung, dass Jesus lebt – das hat Charme. Das sollten wir pflegen. Das sollte unseren Ostergottesdiensten – und nicht nur diesen – eine heitere Note geben. Denn:

- Wenn Lachen befreit und entlastet – dann darf es an Ostern, am Fest unserer Befreiung, nicht fehlen.
- Wenn Lachen protestiert und sich wehrt gegen Verbissenheit und Sturheit – dann muss es heute einen festen Platz haben, wenn wir gegen den Tod in all seinen Formen protestieren, gegen alles Erstarrte und Verkrustete.
- Wenn wir österliche Menschen werden wollen; wenn wir der Welt zeigen wollen, dass der Tod nicht das letzte Wort hat; dass nicht die Trauer, sondern die Freude die Oberhand behält; dass uns durch die Auferweckung Jesu neues, unzer-

störbares Leben geschenkt ist – dann dürfen wir heute Nacht fröhlich sein und herzlich lachen.

Erklären und beweisen können wir die Auferweckung Jesu nicht. Aber wenn wir spüren, dass Jesus unter uns lebendig ist; wenn wir entdecken, dass seine Ideen, seine Worte und Taten nichts von ihrer Kraft verloren haben; wenn wir erleben, dass seine Frohbotschaft heute noch ankommt und unter die Haut geht – dann muss das in unserem Leben Spuren hinterlassen, dann können wir das auch nach außen zeigen, dann können wir jetzt befreit lachen.

Befreit lachen – zum Beispiel über den Hobbytheologen, dem eine geniale Lösung eingefallen ist, wie die biblische Geschichte vom Sündenfall hätte anders ausgehen können: „Wissen Sie, warum es besser wäre, Adam und Eva wären Chinesen gewesen?" – hat er gefragt. Und auf die Gegenfrage: „Wieso das denn?" hat er geantwortet: „Ja, weil Chinesen hätten den Apfel hängen gelassen und die Schlange gegessen!"

Befreit lachen – wie Erzbischof Oscar Romero aus El Salvador, der gerne folgenden Witz erzählt hat: In einer Gemeinschaft von Ordensfrauen wird in der Nacht rätselhafterweise immer wieder der Kühlschrank geleert. Niemand weiß, wer dahintersteckt. Schließlich überlegt sich die Schwester Oberin einen Plan. Sie verkleidet sich als Teufel mit Hörnern am Kopf und versteckt sich in der Küche. Es wird Mitternacht, und tatsächlich schleicht eine Schwester in die Küche, öffnet den Kühlschrank und beginnt ihn zu leeren. Da macht die verkleidete Schwester Oberin das Licht an und sagt mit unheimlicher Stimme: „Ich bin der Teufel!" Die beim Kühlschrankdiebstahl ertappte Schwester reagiert erleichtert: „Gott sei Dank bist du nicht die Schwester Oberin."

Nächtliche Begegnung am Kühlschrank

Befreit lachen – wie der indische Jesuit Anthony de Mello, dem wir viele köstliche Geschichten verdanken, auch diese: Ein Pater liest in der Zeitung und will nicht gestört werden. Aber wieder einmal kommt ein Stadtstreicher zu ihm, der ihn schon lange mit lästigen Fragen nervt. Der Mann sagt: „Entschuldigen Sie, Pater." Der Pater ignoriert ihn, aber der Mann versucht es noch einmal. „Entschuldigen Sie, Pater." Der Pater sagt unwirsch: „Was ist denn? Was wollen Sie denn?" Der Mann fragt ihn: „Könnten Sie mir sagen, wovon man Arthritis bekommt?" Der gereizte Pater sagt: „Arthritis? Vom Alkohol Trinken. Von einem unsoliden Lebenswandel. Und natürlich vom Kartenspielen – davon kriegt man Arthritis. Wieso fragen Sie?" Darauf sagt der Mann: „Weil in Ihrer Zeitung steht, der Heilige Vater leidet unter Arthritis."

Befreit lachen – über die Unbekümmertheit eines kleinen afrikanischen Messdieners, der in einem Brief an seine Eltern schreibt: „Wir hatten hier auf der Missionsstation Firmung. Während der Bischof alle salbte, bohrte John, unser kleinster Messdiener, in der Nase. Diese Zeremonie dauerte zwei Stunden."

Befreit lachen – über den Schüler Karl, der seinen Religionslehrer zur Verzweiflung bringt: „Deine Unarten sind bald nicht mehr zu ertragen, Karl", schimpft der Kaplan in der Religionsstunde. „Wenn das so weitergeht mit dir, wird dein Vater graue Haare bekommen!" – „Hoffentlich", strahlt Karl, „da wird er sich aber freuen. Jetzt hat er eine Glatze."

Wir brauchen das Zeitrad nicht um 500 Jahre zurückzudrehen.

Wir können auf den großen Klamauk, auf die Tierschreie und auf die derben Witze der mittelalterlichen Ostergottesdienste gerne verzichten.

Nicht verzichten sollten wir auf das österliche Lachen, auf die gelöste Heiterkeit – damit man uns ansieht, dass wir als erlöste und befreite Menschen leben ...

Österliches Lachen als Lebensbegleiter

Hat er oder hat er nicht?

Nein, er hat natürlich nicht – sagen die einen. Sonst würden wir in der Bibel sicher etwas darüber lesen.

Ja, er hat ganz bestimmt – sagen die anderen. Sonst könnte er nicht solche markigen Sätze und hintergründige Geschichten von sich geben.

Hat Jesus gelacht oder nicht?

Diejenigen, die diese Frage mit einem klaren Nein beantworten, können sich auf das Neue Testament berufen: Die Evangelisten erzählen uns sehr wohl von einem weinenden Jesus, aber von einem lachenden ist an keiner Stelle die Rede.

Diejenigen, die diese Frage bejahen, haben aber auch gute Gründe: Wer wie Jesus auf Hochzeiten feiert, mit Freunden umherzieht, witzige Sprüche auf Lager hat – der kann kein griesgrämiger und humorloser Mensch sein; der freut sich, schmunzelt und lächelt, auch wenn das nicht schriftlich festgehalten ist.

„Erlöster müssten mir die Christen aussehen, wenn ich an ihren Erlöser glauben sollte." (Friedrich Nietzsche)

„Jesus hat nie gelacht" – behaupten Johannes Chrysostomus, Origines und viele große Theologen der frühen Kirche. Und sie schließen daraus: Auch die Christen haben nichts zu lachen. Ihre Warnungen vor Humor und Fröhlichkeit führen dazu, dass in den Klöstern bis ins 11. Jahrhundert hinein ein Lachverbot gilt, und dass Lebensfreude bis heute nicht wirklich zu einem Markenzeichen der christlichen Gemeinden geworden ist. Friedrich Nietzsche bringt es in dem viel zitierten Satz auf den Punkt: „Erlöster müssten mir die Christen aussehen, wenn ich an ihren Erlöser glauben sollte." Und bezeichnend ist auch, welchen Rat ein Regens im Priesterseminar den angehenden Pfarrern mit auf ihren Weg gegeben haben soll: „Wenn ihr vom Himmel predigt, lasst euer Gesicht strahlen. Wenn ihr von der Hölle predigt, genügt euer normales Aussehen."

Aber ein kleines Schlupfloch für Humor und Fröhlichkeit in der Kirche haben die Fans des lachenden Jesus doch offenhalten können: den „risus paschalis", das Ostergelächter – ein Brauch, der im Mittelalter und in der Barockzeit fester Bestandteil der Ostergottesdienste war; der – wegen mancher Auswüchse – von den Bischöfen zwar verboten wurde; der sich aber bis heute nicht ganz ausrotten lässt. Durch amüsante Geschichten, lustige Anekdoten oder pfiffige Witze versuchen manche Prediger, aus ihren Gemeinden ein kräftiges und herzliches Lachen herauszukitzeln.

Wenn wir wirklich daran glauben, dass Jesus lebt:

– wenn seine Vision von einem „Leben in Fülle" uns bis heute noch aufatmen lässt und Hoffnung schenkt;
– wenn seine Worte weiterwirken und uns bis heute noch Orientierung geben;
– wenn seine Ideen für ein gutes Zusammenleben uns bis heute noch begeistern und uns zu Hilfsbereitschaft und Toleranz motivieren –,

dann haben wir gerade in dieser Nacht allen Grund zur Freude.

Wenn wir fest darauf vertrauen,

- dass Jesus auch uns aus dem Tod holt;
- dass er uns zu einem neuen Leben befreit;
- dass sich unsere Trauer in Freude verwandeln wird –,

dann darf gerade in dieser Nacht unsere Freude in einem herzlichen Lachen hörbar und spürbar sein.
Wenn wir davon überzeugt sind,

- dass wir jetzt schon als befreite und erlöste Menschen leben dürfen;
- dass die Leidensgeschichten dieser Welt nicht die Oberhand behalten;
- dass alles, was wir jetzt erleben und erdulden müssen, nicht die letzte Wirklichkeit ist –,

dann dürfen wir mit Paulus sticheln und sagen: „Tod, wo ist dein Sieg? Tod, wo ist dein Stachel?" Dann können wir vieles von dem, was uns jetzt so wichtig scheint, relativieren und darüber schmunzeln. Dann wird uns österliches Lachen durch unser ganzes Leben begleiten.

Österliches Lachen, wenn unsere liturgischen Formeln und Floskeln haarscharf am Leben der Menschen vorbeigehen: Zwei Hochseilartisten heiraten. Der Pfarrer predigt: „Möge der Herrgott immer seine schützende Hand über euch halten!" Darauf flüstert der Bräutigam: „Unter uns, Herr Pfarrer, lieber unter uns!"

Österliches Lachen, wenn bei übereifrigen Moralaposteln der Schuss nach hinten losgeht: Der Bischof lässt sich bei der Frisörin rasieren. Die Frisörin ist aufgeregt, und ihre Hände zittern so sehr, dass sie nach kurzer Zeit den Bischof drei Mal geschnitten hat. Daraufhin meint der Bischof streng: «Das kommt vom Alkohol, meine Tochter!» Darauf die Frisörin: «Da haben Sie recht, Herr Bischof, der macht die Haut so brüchig.»

Österliches Lachen, wenn kirchliche Würdenträger sich aufplustern und dabei kräftig auf die Nase fallen: Ein rheinischer Bischof hat seinem Papagei beigebracht, ihn lautstark mit dem Ruf «Guten Morgen, Herr Bischof!» zu begrüßen. Als er zum Kardinal ernannt wird, scheitern alle Versuche, dem Vogel das neue Wort beizubringen. Schließlich wird es dem Kardinal zu bunt, er legt seine prunkvollen Gewänder an, nimmt Mitra und Hirtenstab, um dem Papagei Ehrfurcht zu lehren. Verdutzt schaut der Vogel ihn an, legt den Kopf schief und krächzt: „Kölle Alaaf!"

Österliches Lachen,

– damit wir widerlegen, was uns immer wieder vorgeworfen wird: wir Christinnen und Christen seien viel zu häufig eine bitterernste Gesellschaft;
– damit wir – wie es der russische Dichter Maxim Gorki einmal poetisch ausdrückt – „Zauberer sein können, die in den vergifteten Brunnen der Traurigkeit einen Tropfen, nur einen einzigen Tropfen vom lebendigen Wasser des Lachens hinein gießen und diesen Brunnen dadurch zum Kraft und Leben spendenden Heilquell machen können."

Ostern mit James Bond

Zwei Männer stehen sich gegenüber und schauen sich feindselig in die Augen. Der eine sagt: „Jeder braucht ein Hobby." Darauf der andere lauernd: „Und was ist Ihres?" Die kurze und trockene Antwort: „Auferstehung!"

Eine kleine Szene aus dem Thriller „Skyfall". Der Mann, der hier seinen Gegenspieler fixiert und die „Auferstehung" als sein Hobby bezeichnet, stellt sich in jedem seiner Filme so vor: „Mein Name ist Bond. James Bond." Als britischer Top-Agent 007 jagt er im Auftrag Ihrer Majestät durch die ganze Welt und schaltet einen Verbrecher nach dem anderen aus. Wenn er als Drink einen

Wodka Martini bestellt, dann möchte er ihn immer „geschüttelt, nicht gerührt!"

„Mein Hobby ist Auferstehung": Das kann James Bond sagen,

– weil er bei vielen seiner Abenteuer schon so gut wie tot ist und am Ende doch als strahlender Sieger den Platz verlässt;
– weil er wie ein Stehaufmännchen plötzlich wieder auftaucht und voll da ist, wenn andere ihn schon längst abgeschrieben haben und im Jenseits vermuten.

„Mein Hobby ist Auferstehung": Das könnte – etwas salopp, aber durchaus treffend – auch Jesus von sich sagen. So könnte er sein Leben und seine Botschaft auf den Punkt bringen. Viele wollten ihn mundtot machen und zum Schweigen bringen – aber er ließ sich in seiner Mission nicht beirren. Er stand auf und stand ein für ein befreites und menschenwürdiges Leben.

– Denen, die von anderen ausgegrenzt und kleingemacht wurden, sagte er: „Steht auf, ihr seid wertvolle Menschen! Ihr müsst nicht kriechen und buckeln vor den Mächtigen. Wehrt euch, wenn andere auf euch herumtrampeln! Ihr dürft aufatmen und aufrecht durchs Leben gehen."
– Allen, die bequem und egoistisch geworden waren, redete er ins Gewissen: „Wacht endlich auf aus eurem Schlaf der Gleichgültigkeit, aus eurer Lethargie! Steht auf und kämpft für Gerechtigkeit! Geht zu denen, die auf eure Zuwendung warten!"
– Diejenigen, die in ihren starren Geboten und Gesetzen gefangen waren, ermutigte er: „Löst euch von dem, was euer Leben einschränkt und krank macht! Steht auf, bewegt euch, werdet innerlich frei und entdeckt: Die Gebote sind für den Menschen da, und nicht der Mensch für die Gebote!"

„Mein Hobby ist Auferstehung": Das sagt Jesus – wenn wir genau hinhören – heute auch zu uns. Immer wieder taucht er in unserem Leben auf und stellt sich vor: „Mein Name ist Christus. Jesus

Christus. Der Tod am Kreuz konnte mich und meine Botschaft nicht aus der Welt schaffen. Ich lasse mir einiges einfallen, um euch zu zeigen, dass ich lebe:

- Ich bin da, wenn ihr euch in meinem Namen versammelt und Gottesdienst feiert; wenn ihr das Brot brecht, den Wein austeilt und euch an mich erinnert.
- Ich bin lebendig, wenn ihr euch meine Worte zu Herzen gehen lasst; wenn ihr miteinander über meine Geschichten redet und überlegt, wie sie heute Orientierung und Ermutigung schenken können.
- Ich bin präsent, wenn ihr zu den Menschen geht; wenn ihr ihnen die „Liebesgrüße" aus meiner Botschaft weitersagt; wenn ihr sie aufrichtet und in ihren Sorgen nicht allein lasst.
- Wenn jemand das Gefühl hat, „die Welt ist nicht genug" – dann bin ich da mit meiner Vision von der neuen Welt Gottes, mit meinen Ideen von einem erfüllten, gelingenden Leben, von einem Leben in Fülle.
- Wenn jemand „im Angesicht des Todes" Angst hat – dann bin ich da und schenke ihm eine Hoffnung, die über das Grab hinausreicht.
- Wenn jemand resigniert, enttäuscht und verbittert ist – dann bin ich da und habe Worte, die ermutigen und aufbauen; Worte, die „ein Quantum Trost" spenden.

Ich lebe, und auch ihr habt die ‚Lizenz zum Leben'."

Meinen Osterwunsch an Sie lasse ich heute – wie nicht anders zu erwarten – von James Bond formulieren:

- Ich wünsche uns, dass ab jetzt jede und jeder von uns mit einem Augenzwinkern sagt: Auch mein Hobby ist Auferstehung! Was wir miteinander so intensiv gefeiert, besungen, in Symbolen vertieft und in der Atmosphäre dieses besonderen Gottesdienstes gespürt haben – das möchte ich in meinen Alltag mitnehmen. Ich will nach Krisen und Niederlagen wieder aufstehen. Ich will nicht als Duckmäuser, sondern aufrecht durchs Leben gehen. Ich will einen Aufstand machen gegen alles Tote und Erstarrte, das ich mit mir herumschleppe. Ich will mich befreien von Zwängen und Schuldgefühlen, die mich zu Boden drücken.

– Ich wünsche uns auch, dass wir „geschüttelt, nicht gerührt" von hier weggehen: dass wir nicht gerührt bei den alten Ostergeschichten verharren und von der schönen Liturgie schwärmen, sondern dass wir durchgeschüttelt, elektrisiert und bewegt von der Idee eines neuen, aufgeweckten Lebens in die kommenden Tage hineingehen.

– Und ich wünsche uns schließlich, dass wir „Agenten unserer Majestät" sein wollen, Agenten unseres Herrn und Königs Jesus Christus – dass wir in seinem Sinn agieren möchten; dass wir aufstehen für die, die diskriminiert und kleingehalten werden.

Lassen wir uns überraschen: Es könnte ein Hauch von Abenteuer in unser Leben kommen, wenn wir unser neues Hobby pflegen; wenn wir uns vom auferstandenen Jesus Christus kräftig aufrütteln lassen und als seine Agenten unterwegs sind.

Lachen als letzte Waffe der Hoffnung

Vor 300 Jahren lebte in Bayern ein Pfarrer namens Andreas Strobl. Er war bekannt für seine humorvollen Osterpredigten, und seinen Mitbrüdern gab er immer wieder den Rat, sie sollten an Ostern die Zuhörer „mit zu vielen Lehren und Ermahnungen nicht überladen, so wie man den Magen mit vielfältigen Speisen nicht überschütten und beschweren muss."

Viele seiner Kollegen hielten sich an diesen Rat, die Gläubigen hatten ihre Freude an den lustigen Einfällen ihrer Prediger, und das sogenannte Ostergelächter wurde zu einem festen Bestandteil des Gottesdienstes. Zwischen dem ,Amen' der Predigt und dem Glaubensbekenntnis durfte die Gemeinde eine Zeitlang laut und herzlich lachen. „Dem Volk imponierte eine Osterpredigt, die das Osterlachen bezweckte, ... weit mehr als eine nüchterne Auslegung der Heiligen Schrift", schreibt ein Geschichtsforscher über diesen alten Brauch.

Leider trieben es manche Pfarrer mit der Zeit zu bunt: Sie imitierten auf der Kanzel Tierschreie und erzählten Witze, die – so schreibt unser Forscher – „zu erzählen ein anständiger Mensch nicht einmal am Biertisch wagen würde." Der Brauch musste verboten werden und verschwand auch fast überall aus den Kirchen.

Eigentlich schade – finde ich – , denn ich meine, das Osterlachen hatte in seiner ursprünglichen Form einen tiefen Sinn:

– Wenn wir die Frohe Botschaft des heutigen Festes wirklich ernst nehmen, dann haben wir allen Grund zum Lachen.
– Wenn wir wirklich glauben, dass der Tod sich damals unsterblich blamiert hat, dass er ein für allemal den Kürzeren gezogen hat, dann muss das in unserem Feiern, Beten und Singen zu spüren sein.
– Wenn, wie es der amerikanische Theologe Harvey Cox sagt, das Gelächter die letzte Waffe der Hoffnung ist, dann hat es heute in der Kirche seinen Platz, weil die Auferstehung Jesu unsere Hoffnung, unsere Hoffnung auf Leben, auf Freiheit, auf Erlösung ist.
– Wenn wir wirklich daran glauben, dass am Ende das Leben steht, dass Leid und Tod immer das Vorletzte bleiben, dann kann die Grundhaltung, die Lebensanschauung der Christen eigentlich nur der Humor sein.

Die bekannteste Beschreibung für Humor heißt ja: „Humor ist, wenn man trotzdem lacht" – und genau dieses „trotzdem Lachen" ist unser österliches Lachen. Nur wer an die Treue und Liebe Gottes glaubt, kann trotz der eigenen Unzulänglichkeiten, trotz des Leids noch lachen, trotz der schlimmen Not, die es nach wie vor gibt, trotz der Kriege und trotz des Todes. Denn er kann das alles wie durch ein umgedrehtes Fernglas sehen. Er bekommt einen Abstand, eine innere Distanz zu allen vorläufigen, vorletzten Dingen, weil er im Letzten, in Gott seinen Stand, seinen Halt hat. Das heißt nicht, dass wir nicht mit aller Kraft gegen das Leid angehen müssen, das wir verhindern können – das heißt nur, dass wir im Leid, das wir nicht ändern können, nicht verzweifeln müssen.

Es scheint so, dass mit dem Osterlachen auch der Humor aus vielen Kirchen verschwunden ist. Vielleicht sollten wir doch wieder bei den Barockpredigern mit ihren pfiffigen Ideen in die Schule gehen. Einer von ihnen hat in der Osternacht einmal folgende Geschichte erzählt:

Ein reicher Geizhals überlegte sich Tag und Nacht, wo er wohl seinen Schatz am besten verstecken könne, denn er traute seinen Dienern und Verwandten nicht über den Weg. Da er in seinem Haus eine kleine Kapelle mit einem Hausaltärchen hatte, kam er auf die Idee, ein Modell des Grabes Christi aufzustellen und seinen Schatz dort zu verstecken. Damit es niemand wagte, hineinzuschauen, schrieb er groß auf den Grabaltar: „Hier liegt Christus begraben!" Einer von den Dienern merkte bald, dass sein Herr viel ‚frömmer' wurde und lange Zeit vor dem Altar zubrachte. Als der Geizhals einmal auf Reisen ging, durchsuchte der Diener den Grabaltar und fand den Schatz. Er nahm ihn heraus, löschte die alte Inschrift aus und schrieb groß darauf: „Christus ist nicht hier, er ist auferstanden!"

Dass im feierlichen Rahmen eines Gottesdienstes durchaus Platz für einen Scherz ist, bewies auch ein schwäbischer Pfarrer. Als er am Ostermontag über die Emmaus-Jünger predigte, bemerkte er, dass ein Mann auf der Empore eingeschlafen war. Er rief plötzlich laut in die Kirche: „Es brennt! Es brennt!" Sofort war der Mann hellwach und fragte: „Wo brennt's denn?" „In den Herzen der Jünger", sagte der Pfarrer und konnte mit seiner Predigt fortfahren.

Sich selbst nicht zu ernst nehmen, über sich selbst lachen können – das ist das Kennzeichen des christlichen Humors, der österlichen Freude. Die ganze Kirche, ihre Amtsträger und ihre Aktivitäten, das alles ist noch nicht das Reich Gottes, es gehört auch noch zum Vorletzten, über das man schmunzeln darf.

„Dem Menschen, der die biblische Botschaft hört und beherzigt, ist es … verboten, ein unfroher Mensch zu sein" – meint Karl Barth, der bedeutende evangelische Theologe. Dass es mit dem Beherzigen aber manchmal hapert, zeigt die folgende Geschichte:

Ein portugiesischer Seifenfabrikant sagte zu einem gläubigen Christen: „Das Christentum hat nichts erreicht. Obwohl es schon bald 2000 Jahre gepredigt wird, ist die Welt nicht besser geworden. Es gibt immer noch Böses und böse Menschen!"

Der andere wies auf ein ungewöhnlich schmutziges Kind, das am Straßenrand im Dreck spielte, und bemerkte: „Seife hat nichts erreicht. Es gibt immer noch Schmutz und schmutzige Menschen in der Welt!"

„Seife", entgegnete der Fabrikant, „nützt natürlich nur, wenn sie angewendet wird."

Darauf wieder der andere: „Christentum auch!"

Ich wünsche Ihnen und mir, dass es uns gelingt, das Bekenntnis „Christus ist auferstanden" im Alltag anzuwenden, dass man unsere Osterfreude spürt, und dass uns die letzte Waffe der Hoffnung, das Lachen, nicht vergeht.

„Weil mich mein Gott das Lachen lehrt ...“

„Christus ist nicht in die Welt gekommen, dass wir ihn begreifen, sondern dass wir uns an ihn klammern, dass wir uns einfach von ihm hinreißen lassen in das ungeheure Geschehen der Auferstehung.“

Besser als Dietrich Bonhoeffer, von dem diese Worte stammen, kann man nicht ausdrücken, was wir in der Osternacht miteinander tun: Wir sind nicht beieinander, um Christus zu begreifen. Wir wollen nicht unser Wissen vermehren und das Geheimnis seiner Auferstehung theologisch ergründen.

Wir wollen uns einfach von ihm hinreißen lassen. Wir wollen einem hinreißenden Jesus begegnen, der lebendig in uns und in unserer Gemeinschaft ist, der uns in das ungeheure Geschehen seiner Auferstehung hineinziehen und mit seinem Leben anstecken will.

Wir wollen erleben, wie er unsere Gedanken beflügelt, unser Herz ergreift und uns zu neuen Taten motiviert.

Wir wollen sehen und hören, riechen und schmecken, tasten und fühlen – wir wollen mit allen Sinnen erfahren, dass das Leben stärker ist als der Tod.

Wir wollen spüren, dass das Licht die Oberhand behält gegen alles Dunkle und Undurchsichtige in unserem Leben – deshalb unser liturgisches Spiel mit dem Feuer, mit der Osterkerze und den vielen kleinen Lichtern.

Wir wollen den angenehmen Duft der Frohbotschaft in uns aufnehmen – deshalb der Weihrauch am Beginn unserer Feier.

Wir wollen uns von den Worten der Bibel aufwecken und erfrischen lassen – deshalb nachher das Austeilen des Wassers in der ganzen Kirche.

Wir möchten nicht gescheiter und wissender von hier weggehen, sondern vergnügter, erlöster und befreiter – genau so, wie es der unvergessene Kabarettist Hanns Dieter Hüsch in einem kleinen Gedicht beschreibt:

„Ich bin vergnügt, erlöst, befreit –
Gott nahm in seine Hände meine Zeit:
Mein Fühlen, Denken, Hören, Sagen,
mein Triumphieren und Verzagen,
das Elend und die Zärtlichkeit.

Was macht, dass ich so fröhlich bin
in meinem kleinen Reich?
Ich sing und tanze her und hin
vom Kindbett bis zur Leich.

Was macht, dass ich so furchtlos bin
an vielen dunklen Tagen?
Es kommt ein Geist in meinen Sinn,
will mich durchs Leben tragen.

Was macht, dass ich so unbeschwert
und mich kein Trübsinn hält?
Weil mich mein Gott das Lachen lehrt
wohl über alle Welt!“

„Weil mich mein Gott das Lachen lehrt wohl über alle Welt"

Fröhlich, furchtlos und unbeschwert fühlt sich Hüsch – trotz
Verzagen und Elend, trotz Trübsinn und vieler dunkler Tage in
seinem Leben. Und auf die Frage, woher das kommt, findet er
eine ganz einfache und sympathische Antwort: „Weil mich mein
Gott das Lachen lehrt".

Das Lachen, das Gott lehrt, ist ein Trotzdem-Lachen, ein Lachen trotz alles Schweren und Leidvollen, das uns nicht erspart
bleibt. Es ist ein österliches Lachen, das fest darauf vertraut, dass
wir aus Gottes Hand nie herausfallen können, dass er beides um-
fasst – mein Sterben und mein Leben.

„Weil mich mein Gott das Lachen lehrt" – viele Jahrhunderte lang hat die Kirche Gott in jeder Osternacht eine Lehrstunde zur Verfügung gestellt: Das Osterlachen war ein wichtiger Bestandteil des Gottesdienstes, und die Pfarrer mussten die Gemeinde durch Schwänke, Gedichte und Witze zum Lachen oder wenigstens zum Schmunzeln bringen. Leider musste diese Stunde vom Lehrplan gestrichen werden, weil die Witze immer derber und die Schwänke immer oberflächlicher wurden. Aber wenn Hanns Dieter Hüsch recht hat, wenn es stimmt, dass Gott uns durch das Lachen Fröhlichkeit, Furchtlosigkeit und Unbeschwertheit schenken kann, dann sollten wir das Osterlachen schnell wieder einführen. Dann sollten wir uns diese Lektion Gottes nicht entgehen lassen.

Denn er will uns beibringen, über Eitelkeit und Einbildung herzhaft zu lachen:

Eine Frau beichtet: „Herr Pfarrer, ich betrachte mich mehrmals am Tag im Spiegel und finde mich wirklich schön."

Darauf der Beichtvater: „Machen Sie sich keine Sorgen, liebe Frau. Das ist keine Sünde, das ist bloß ein Irrtum."

Gott will uns anleiten, über Fantasie und lustige Einfälle kräftig zu schmunzeln:

Der Pfarrer betet mit seiner Gemeinde die Kreuzwegandacht. Er ist gerade erst bei der zweiten Station, als man ihn zu einem dringenden Versehgang ruft. Damit die Andacht nicht abgebrochen werden muss, bittet er den Mesner, weiter vorzubeten. Zum Schlusssegen wolle er wieder zurück sein. Der Krankenbesuch dauert jedoch länger als vorgesehen. Als der Pfarrer sich nach zwei Stunden auf den Heimweg macht, sieht er in der Kirche immer noch Licht und hört die Leute beten. Verwundert öffnet er die Kirchentür und da tönt ihm schon die Stimme seines Mesners entgegen: „Fünfunddreißigste Station: Simon von Cyrene heiratet Veronika."

Gott will uns darin einüben, über Aufgeblasenheit und Sich-Wichtig-Machen aus vollem Halse zu lachen:

Ein Pfarrer kommt in eine neue Gemeinde und möchte mit Kontakten zu hohen Persönlichkeiten Eindruck machen. Als es an der Tür zu seinem Arbeitszimmer klopft, bittet er den Gast herein, nimmt aber schnell noch den Telefonhörer und sagt: „Selbstverständlich, Herr Domkapitular, einen schönen Tag noch – und grüßen Sie bitte meinen Freund, den Bischof." Dann legt er triumphierend den Hörer auf und fragt seinen Besucher: „Nun, was kann ich für Sie tun?" – „Eigentlich nichts", antwortet der. „Ich komme nur, um Ihr Telefon anzuschließen."

Gott will uns in die Kunst einführen, über Unzulänglichkeiten und Fehler anderer nachsichtig zu lächeln:

Der Klassenlehrer meint zum neuen Religionslehrer, der gerade seine erste Stunde halten will, dass er wahrscheinlich nicht sehr zufrieden mit dieser Klasse sein werde: „Stellen Sie sich vor, ich habe gefragt, wer die vier Evangelisten sind, und keiner wusste es. Schließlich antwortete der Sepp: ‚David und Goliath'!"

Darauf der Religionslehrer: „Na, wenigstens hat er zwei davon gewusst!"

„Christus ist nicht in die Welt gekommen, dass wir ihn begreifen, sondern dass wir uns an ihn klammern, dass wir uns einfach von ihm hinreißen lassen in das ungeheure Geschehen der Auferstehung."

In diesem Sinn wünsche ich uns, dass wir uns heute Nacht wieder eine Spur tiefer in das neue Leben hineinreißen lassen, das uns allen in der Auferstehung Jesu geschenkt ist.

„VOR SAUERTÖPFISCHEN HEILIGEN BEWAHRE UNS, O HERR!" – VON FRÖHLICHEN, FRECHEN UND FREIHEITSLIEBENDEN CHRISTEN

Man könnte meinen, manchmal habe Gott das Stoßgebet, das der heiligen Teresa von Avila zugeschrieben wird, erhört und uns Menschen geschickt, die einen frohen und heiteren Glauben leben.
Diskreter Charme,
polternde Fröhlichkeit,
pfiffige Verschlagenheit,
verrückte Einfälle,
feinsinniger Humor,
derbe Witze:
Das alles und noch mehr lässt sich in den Biografien einiger Heiligen entdecken, deren Gedenktage wir Jahr für Jahr feiern.

Belauschen Sie einen Dialog auf Wolke Sieben, einen Late-Night-Talk im Petersdom und ein Selbstgespräch im Knast. Lesen Sie die außergewöhnlichen Geschichten einer kessen Draufgängerin und einer ruhelosen Herumtreiberin und erfreuen Sie sich an den klugen Sätzen eines cleveren Glaubensagenten.

Sie werden staunen ...

Der Adlige mit dem charmanten Lächeln: Franz von Sales (24. Januar)

Was John Steed unter den britischen Spionen unserer Zeit, ist er unter den französischen Bischöfen des 17. Jahrhunderts. Wie der Agent mit Schirm, Charme und Melone im Film, so agiert er scharfsinnig, ironisch und humorvoll in seiner Diözese. Kein Wunder: Wer Katharina von Siena und Teresa von Avila zu seinen Lieblingsheiligen zählt, kann selbst nur ein Mensch mit Humor sein. Und so charakterisieren ihn auch seine Zeitgenossen: charmant und liebenswürdig; ein Gegner von verbissenem Ernst und skrupulöser Ängstlichkeit; lebensbejahend und freundlich, aber auch voll beißender Ironie gegen eine halbherzige Scheinfrömmigkeit; bescheiden und doch souverän im Umgang mit Päpsten und Königen – Franz von Sales.

Er wird 1567 geboren, stammt aus einer adligen Familie mit Landsitz in Savoyen, studiert im ausgehenden 16. Jahrhundert Jura an den bedeutendsten Universitäten Europas, entschließt sich mit 25 Jahren, Priester zu werden, wirkt 10 Jahre als Seelsorger in seiner Heimat, wird 1602 Bischof von Genf. 20 Jahre lang leitet er seine Diözese, 1622 stirbt er.

Er ist eine herausragende Gestalt im religiösen Leben seiner Zeit, weil er sich bemüht, seine Gläubigen in einer zeitraubenden „Einzelseelsorge" über alle Oberflächlichkeit und bloßen religiösen Betrieb hinaus zu einem tieferen Leben aus dem Glauben zu führen.

Seine positive Lebenseinstellung ist ihm allerdings nicht in die Wiege gelegt. Als Jugendlicher gerät er – wie sein Vorbild Teresa – in eine tiefe religiöse Krise: Die Angst vor einem Gott, der ihn seiner Meinung nach zur ewigen Verdammnis vorherbestimmt hat, erdrückt ihn fast. Erst als ihm klar wird, dass dieser Gott alle Menschen liebt, lernt er befreit und fröhlich zu leben. „Alles aus Liebe, nichts aus Zwang" wird zu seinem Lebensmotto.

Sein Humor ist nicht laut und aufdringlich, sondern diskret und liebevoll – obwohl er von Natur aus eher ein heftiger und aufbrausender Mensch war. Einige Sätze, die von ihm überliefert sind, bringen uns diesen froh gestimmten und sympathischen Heiligen nahe:

„Das Evangelium ist wie eine Partitur. Menschen, die sich vom Evangelium anstecken lassen, sind wie klingende Musik." So, wie eine Partitur ihren Zweck erst dann erfüllt, wenn wir auch hören, was da in Notenschrift steht, so muss auch das Evangelium von Menschen zum Leben erweckt werden. So braucht das Evangelium Menschen, die das leben, was sie lesen; die zeigen, dass man in der Nachfolge Jesu befreit und erlöst leben kann. Franz von Sales ist selbst wie klingende Musik, weil er als fröhlicher Mensch die Frohe Botschaft überzeugend verkörpert.

„Mit Adleraugen sehen wir die Fehler anderer, mit Maulwurfsaugen unsere eigenen." Franz kennt die menschlichen Schwächen und beschreibt sie mit einem Augenzwinkern.

„Wer sich selbst zum Schüler hat, hat einen Esel zum Lehrer." Mit einem witzigen Vergleich warnt er davor, nur sich zum Maßstab für jedes Urteilen und Handeln zu nehmen.

„Ein Gramm gutes Beispiel wiegt mehr als ein Zentner Worte." Oder: „Mit einem Löffel Honig fängt man mehr Fliegen als mit einem Fass Essig." Auch seine pädagogischen Grundsätze kann er so formulieren, dass sie allen ein Schmunzeln entlocken.

In einer Episode, die er erzählt, kommt seine geerdete und natürliche Art zum Ausdruck: „Eine etwas nervöse Person fragte mich, was man für den Frieden tun könne. Ich antwortete: Fangen Sie damit an, die Türen etwas leiser zu schließen!"

Und besser als er selbst kann man nicht auf den Punkt bringen, wie er sich ein einladendes und ansteckendes Christsein vorstellt: „Ich will keine absonderliche, unruhige, traurige und verdrossene Frömmigkeit, sondern eine milde, sanfte, angenehme und friedliche, mit einem Wort: eine freie und fröhliche Frömmigkeit, die liebenswürdig ist vor Gott und den Menschen."

Franz von Sales, der John Steed unter den Heiligen – mit Hirtenstab, Charme und Mitra …

Wer einen Esel zum Lehrer hat …

Der Träumer mit dem Schalk im Nacken: Johannes Bosco (31. Januar)

Wenn Giovanni Bosco (1815 – 1888), der witzige und geistreiche Heilige des vorletzten Jahrhunderts, seinen Schülern eine Anordnung zu geben hatte, dann verpackte er sie in eine nette Geschichte, in ein kleines Theaterstück oder in ein Rätsel.

Wenn er in seinen Büchern eine Glaubenswahrheit auslegen wollte, dann tat er das oft in fingierten Dialogen – z.B. zwischen einem Theologen und einem Friseur.

Was liegt näher, als etwas Ähnliches zu versuchen, wenn wir dem Geheimnis dieses sympathischen und einfallsreichen Menschen auf die Spur kommen wollen?

Lassen wir zwei Heilige, die seine großen Vorbilder waren, im Himmel miteinander über ihn ins Gespräch kommen – auf der einen Seite Franz von Sales (F), seinen Landsmann aus Savoyen, und auf der anderen Seite Philipp Neri (P), von dem Johannes Bosco die Sorge um die Jugend und die Vorliebe für etwas ausgefallene Seelsorgemethoden übernommen hat. Hören wir den beiden ein wenig zu!

P: Ich bin richtig froh, dass wir beide jetzt nicht mehr so allein dastehen mit unserer Idee vom heiteren und fröhlichen Christsein.

F: Denkst du an unseren „Neuen", an diesen Bosco, den man erst kürzlich in unseren „erlauchten" Kreis aufgenommen hat?

P: Genau an den! Wenn ich bisher die lange Reihe unserer ehrwürdigen Kollegen hier angeschaut habe, dann bin ich das Gefühl nicht losgeworden, dass wir zu den „Schwarzen Schafen", zu den Ausrutschern der Kirchengeschichte gehören; dass man uns nur vorzeigt, wenn man beweisen will, dass so etwas wie Freude auch in kirchlichen Kreisen erlaubt ist.

Aber wenn das stimmt, was man von Bosco hört, dann können wir vielleicht doch noch unseren „Club der fröhlichen Heiligen" gründen.

F: Was wissen wir denn schon alles über ihn?

P: Auf jeden Fall muss er ein ganz fantasievoller Mensch gewesen sein – er steckt voller Träume. Schon seine Klassenkameraden nennen ihn nur den „Träumer". Ich glaube, er hat so viele Ideen und Pläne, dass er sie nur nachts in seinen Träumen verarbeiten kann. Und diese Visionen werden dann zur Triebfeder seines Handelns am Tag. Nur ein Beispiel: Schon als Kind hatte er zu seiner Mutter gesagt: „Es ist komisch – immer, wenn ich mit meinen wilden Kameraden spiele, sind sie viel bräver und fluchen nicht."

F: Dieser Gedanke beschäftigt ihn einige Zeit, bis er dann im Alter von neun Jahren Folgendes träumt: Er steht mitten in einem großen Hof, Kinder toben um ihn herum, lachen und fluchen laut. Er schlägt um sich und versucht so, die Kinder am Fluchen zu hindern. Plötzlich tritt ein Mann zu ihm und sagt: „Nicht mit Faustschlägen, sondern durch Sanftmut und Liebe musst du diese deine Freunde zu gewinnen suchen ..." Anstelle der herumtobenden Kinder sieht er jetzt Hunde, Katzen, Bären und andere wilde Tiere, die sich auf einmal in sanfte Lämmer verwandeln.

P: Und genau dieser Traum wird für ihn zum Schlüsselerlebnis. Von da an – schreibt er selbst in seinen „Erinnerungen" – kennt er seine Lebensaufgabe: sich um die Jugend zu kümmern. Sofort sammelt er Gleichaltrige um sich, erzählt ihnen Geschichten, macht Spaziergänge mit ihnen, nimmt sie mit in die Kirche. Später – auf dem Gymnasium – gründet er einen „Club der Fröhlichen". Als Vorsitzender bereitet er Spiele und Lieder vor für die sonntäglichen Treffen.

F: Diesen Brauch behält er bei, als er nach seiner Priesterweihe in Turin weiterstudiert: In den Armenvierteln der Stadt kümmert er sich um verwahrloste Kinder, arbeitslose Jugendliche und Waisen. Mit jedem Sonntag werden es mehr, die zu seinen

Versammlungen kommen. Schließlich bleiben manche auch die Woche über bei ihm, und er muss nach Häusern für sie suchen.

P: Was mich besonders freut: Er nennt diese sonntäglichen Veranstaltungen „Oratorium" – genauso habe ich meine „Herberge zur christlichen Fröhlichkeit" bezeichnet. Und ich habe immer davon geträumt, dass einmal einer in meine Fußstapfen tritt ...

Lied: Don Bosco, der Träumer

Verse

① Ein Mensch be-ginnt zu träu-men
von ei-ner neu-en Welt,____
in der nicht Ar-mut, Ein-sam-keit die
Mensch-lich-keit ent-stellt. Wer

es folgt Refrain ①

② *Ein Mensch beginnt zu denken:*
Ein Traum braucht Hand und Fuß.
Er spürt die Konsequenzen,
die er nun ziehen muss. – Refrain 1

③ *Ein Mensch beginnt zu handeln,*
sein Traum bekommt Gestalt.
Ein Luftschloss wird zum Waisenhaus,
gibt Heimatlosen Halt. – Refrain 1

④ *Ein Mensch beginnt zu glauben,*
dass Gott zum Ende bringt,
was ihm durch seine eigne Schuld
im Leben oft misslingt. – Refrain 2

F: Weißt du auch, wie der junge Giovanni es geschafft hat, dass sich die Jugendlichen bei ihm so wohlfühlen? – Eigentlich ist es eine ganz simple Methode. Er denkt sich: Wenn ich das tue, was meinen Freunden Spaß macht, dann werden sie auch das gernhaben, was mir gefällt.

P: Und was den andern Jungen imponiert, das kann er auf den Jahrmärkten beobachten. Er schaut den Gauklern und Taschenspielern ihre Tricks ab, erfindet neue und bessere dazu – bis die Kameraden lieber zu ihm kommen als auf den Märkten herumzulungern. Er wird ein kleiner Akrobat und gibt richtige Vorstellungen; tanzt auf dem Seil und führt Zaubertricks vor; geht auf den Händen und zeigt den Salto mortale – in den Pausen aber wiederholt er die Predigt vom Morgen, betet mit den Zuschauern und erzählt ihnen Geschichten aus der Bibel. Keiner getraut sich wegzugehen.

F: Als einmal während des Gottesdienstes ein Taschenspieler seine Vorstellung mit der Trompete ankündigt, rennen die Leute aus der Kirche. Giovanni geht mit, bietet dem Taschenspieler einen Wettkampf an und gewinnt ihn. Der Taschenspieler zieht mit Schimpf und Schande aus dem Ort – und Giovanni mit der ganzen Menge wieder zurück in die Kirche.

P: Mit dem, was er hat und kann – mit seinem Mut; mit seiner Kunst, auf den Zehenspitzen zu gehen; mit seinem Gleichgewichtssinn will er nicht sich selbst produzieren, sondern die Menschen für den Glauben begeistern.

Akrobat bleibt er sein Leben lang – er wird im wahrsten Sinn des Wortes zu einem Lebens-Künstler:

F: Mut beweisen kann er nicht nur beim Feuerschlucken und beim Aufspringen auf galoppierende Pferde – Mut beweist er, wenn er im Lauf seines Lebens immer wieder ausgelacht und angefeindet wird und seine einzige Rache das Verzeihen bleibt; wenn er in die Gefängnisse und Arbeiterviertel Turins geht und die Jugendlichen von der Straße holt.

Mut beweist er, wenn er zu seinen jungen Freunden hält, obwohl man ihn einen „Bandenhäuptling von Gassenjungen" schimpft und ihn ständig aus Häusern und von Spielplätzen vertreibt.

P: Auf Zehenspitzen gehen kann er nicht nur auf dem Drahtseil – sein Einfühlungsvermögen, seine Vorsicht, sein feines Gespür zeigt sich vor allem im Umgang mit seinen Schützlingen. Er erkennt früh, dass der Grund ihrer Verwahrlosung nur darin besteht, dass sie sich selbst überlassen sind – und deshalb versucht er, jedem ein Freund zu werden und jeden behutsam zu führen.

F: Balancieren und das Gleichgewicht halten kann er nicht nur bei seinen Seiltänzen – eine Balance finden will er auch zwischen Spiel und Ernst, zwischen Geist und Herz, zwischen Tun und Beten.

P: Er bleibt immer ein Taschenspieler, der nie in die eigene Tasche spielt – der die Leute nicht ausnehmen, sondern einnehmen will für Gott.

Er bleibt immer ein Gaukler – ein Gaukler Gottes, der den Menschen nichts vorgaukeln, sondern sie zur Wahrheit führen will.

Er bleibt immer ein Jongleur, der spielend zusammenbringt, was anderen durch große Anstrengung nicht gelingt ...

Lied: Don Bosco, der Akrobat

man sie gut trai - niert und im - mer

wie - der aus - pro - biert!

A Refrain A D

Mit bei - den Bei - nen si - cher auf dem

Bo - den zu steh'n, auf Ze - hen - spit - zen

mu - tig ü - ber's Draht - seil zu geh'n, das

Gleich - ge - wicht zu hal - ten, scheint es oft auch

ver - ge - bens, das wä - re nach Don Bos - co

die Kunst des Le - bens.

Trick eins ist, dass du prüfst, ob das, was du be-ginnst und kannst, auch ei-ne Ga-be ist und nicht nur dein Ver-dienst. Mit

2. Trick zwei ist, dass du fragst,
ob nicht durch dein Talent
dem andern etwas aufgeh'n kann,
was er bisher nicht kennt. – Refrain

3. Trick drei ist, dass du wachsam bist,
weil ab und zu sich Gott
in deinem Leben zeigen will,
als Störenfried im Trott. – Refrain

Don Bosco als Seiltänzer

F: Man hat diesen Johannes Bosco einmal so charakterisiert: freundlich, gütige Augen, klarer Blick, lächelnder Mund – und eine ausgesprochene Bubenhaftigkeit.

P: Dass ich mich vor allem über das Letztere freue, kannst du dir sicher vorstellen. Man hat mich ja den „Spaßvogel Gottes" genannt und du weißt, was ich für verrückte Dinge gedreht habe – in ihm habe ich einen würdigen Nachfolger gefunden. Mit den Leuten, die sich für besonders fromm hielten, hat er allerdings – genau wie ich damals – seine Schwierigkeiten.

F: Das stimmt. Wenn er mit über 400 Jugendlichen Sonntag für Sonntag singend und musizierend durch die Stadt zieht, dann sagen sie hinter den Fenstern: „Entweder ist er ein Verrückter – oder ein Heiliger!" Als ob das immer Gegensätze sein müssten!

Wenn er im Geiste schon Schulen, Werkstätten, Schlafräume und eine Kirche für seine Buben vor sich sieht – in einer Zeit, wo er nur eine Wiese oder einen verfallenen Schuppen zur Verfügung hat – dann halten ihn sogar seine Freunde für einen Spinner.

Wenn er davon schwärmt, er wolle einen Orden gründen, in dem alle zum Zeichen der Armut hemdsärmelig wie Maurergesellen herumlaufen sollten, dann zweifeln auch seine Mitbrüder an seinem Verstand.

P: Aber davon hat er allein immer noch mehr als die beiden Pfarrer zusammen, die ihn auf Beschluss des Ordinariats in eine Irrenanstalt bringen sollten. Sie laden ihn zu einer Spazierfahrt ein. Er ahnt ihren Plan und bittet sie, als die Vornehmeren doch zuerst in die Kutsche zu steigen. Nichtsahnend tun sie es. Er schließt schnell den Schlag, der sich von innen nicht mehr öffnen lässt, und ruft dem Kutscher zu: „Schnell in die Irrenanstalt, dort werden die beiden erwartet!" Weil man dort aber nur auf einen Priester vorbereitet ist und jeder behauptet, er sei's nicht, werden sie beide dabehalten. Erst nach ein paar Tagen kann das Missverständnis aufgeklärt werden. Ganz Turin lacht und Don Bosco hat vorerst seine Ruhe.

F: Polizisten, die ihn überwachen sollten, sind von seinen Predigten total begeistert und vergessen ihre Aufgabe. Beamte, die einmal sein Haus durchsuchen müssen, bringt er zunächst mit seinem Humor und seiner Gelassenheit an den Rand der Verzweiflung – und schließlich sogar in seinen Beichtstuhl. Und Direktoren schäumen vor Wut, als er in ihren Schulen Exerzitien hält. In den Pausen setzt er sich einfach auf den Boden und erzählt den Schülern Witze.

P: Selbst im hohen Alter verliert er nichts von seiner spitzbübischen Fröhlichkeit: Noch als todkranker Mann gewinnt er gegen seinen Arzt einen Wettkampf im Kräftemessen, und sogar über seine Krankheit kann er Späße machen: „Könnt ihr mir sagen, wo etwa eine Blasbalgfabrik ist? Die Orgel meines Leibes ist arg verstimmt, da sollte ich wohl die Blasbälge wechseln."

Ich hoffe, sein Humor kann auch hier oben bei uns noch einige anstecken, und ich wünsche mir, dass viele Menschen versuchen, nach seinem Wahlspruch zu leben: „... fröhlich sein, Gutes tun, und die Spatzen pfeifen lassen."

Lied (Kanon): Don Bosco, der Narr

F: Eigentlich hat Johannes Bosco genau den Rat befolgt, den unser Freund Paulus einmal den Philippern gegeben hat:

„Freut euch im Herrn zu jeder Zeit!", hat er geschrieben, „Noch einmal sage ich: Freut euch! Eure Güte werde allen Menschen bekannt. Der Herr ist nahe. Sorgt euch um nichts, sondern bringt in jeder Lage betend und flehend eure Bitten mit Dank vor Gott! Und der Friede Gottes, der alles Verstehen übersteigt, wird eure Herzen und eure Gedanken in Christus Jesus bewahren. Im Übrigen, Brüder und Schwestern: Was immer wahrhaft, edel, recht, was lauter, liebenswert, ansprechend ist, was Tugend heißt und lobenswert ist, darauf seid bedacht! Und was ihr gelernt und angenommen, gehört und an mir gesehen habt, das tut! Und der Gott des Friedens wird mit euch sein." *(Phil 4,4-9)*

P: Mir geht dieser verrückte Giovanni nicht aus dem Kopf. Ich freue mich an seinen Späßen – vor allem deshalb, weil seine Lebenseinstellung nicht oberflächlich ist, sondern aus einem tiefen Glauben kommt und sich, wie bei uns beiden, im Leid, in Schwierigkeiten und Anfeindungen bewähren muss.

F: Fast noch mehr als der Spaßmacher beeindruckt mich der Erzieher, der Pädagoge Johannes Bosco. Ich gebe zu, ich bin ein bisschen stolz darauf, dass er seinen jungen Freunden immer mich als Vorbild hinstellt, und dass er seinen Orden die „Fromme Salesianische Gesellschaft" nennt. Wahrscheinlich deshalb, weil ich immer versucht habe, jedem Einzelnen gerecht zu werden – und das ist auch sein Ziel. Als die Zahl seiner Schützlinge schon über 800 gestiegen ist, flüstert er immer noch jedem Einzelnen ein gutes, aufmunterndes Wort ins Ohr. Ab und zu findet auch einer unter seinem Kopfkissen einen Zettel mit einem guten Ratschlag oder einem Lob, und an Silvester gibt er jedem eine ganz persönliche Jahreslosung für die kommenden Monate.

P: Wenn er erkannt hat, welche Fähigkeiten in einem Jugendlichen schlummern, tut er alles, damit sie sich entfalten können. „Trachte danach, dass man dich gernhat, dann wird man dir auch mit Leichtigkeit gehorchen!" – das ist eine seiner einfachen und doch so wirksamen Erziehungsregeln. Deshalb ermuntert er viel mehr als er verbietet oder befiehlt.

F: Schon vorher haben wir festgestellt, dass er ein gutes Gespür für den Ausgleich hat: In seinen Schulen und Werkstätten gibt es einen ständigen Wechsel zwischen körperlicher und geistiger Arbeit, zwischen Spiel und Gebet. Er weiß genau, dass Spielzeit nicht ver-spielte Zeit ist, sondern unbedingt nötig für die Entwicklung seiner Jungen. „Besser ist ein gesunder Krach als ein böses und verdächtiges Stillschweigen!" – ein bezeichnender Satz aus seiner „Hausordnung".

P: Ganz geschickt ist er auch darin, jedem Einzelnen ein Stück Verantwortung für alle zu übertragen. Die Älteren wissen, dass sie Vorbilder für die Kleineren sein sollen, und bei den vielen Festen, die in seinen Häusern gefeiert werden, hat auch jeder der Kleinen eine Aufgabe.

F: Kein Zweifel: Der Erfolg hat seiner Erziehungsmethode recht gegeben: Aus Jugendlichen, die von anderen als „geborene Verbrecher" beschimpft werden, macht er durch seine Güte und Freundschaft verantwortungsvolle Menschen. Überall in Italien und bald in der ganzen Welt kann er neue Oratorien gründen. Wenn man bedenkt, was aus einem Traum, aus einer zündenden Idee alles werden kann ...

Lied: Don Bosco, der „Jugend-Freund"

① „Der wird's doch si-cher nie zu et-was brin-gen!" Ein Vor-ur-teil kann ei-ne Mau-er sein. „Du wirst den eig-nen Schat-ten ü-ber-sprin-gen!" So reißt man die-se Mau-er wie-der ein!

2. „Du bist für mich nicht mehr als eine Nummer!"
So wirst du in der Masse überseh'n.
„Du bist mir wichtig, kannst mir vieles geben!"
Wenn ich es schaffe, auf dich zuzugeh'n. – Refrain

3. „Du sollst! Du musst! Du darfst nicht!", kann man sagen;
doch helfen die Befehle wirklich viel?
„Sei Vorbild, hilf Verantwortung zu tragen!"
Mit Güte kommst du eher an dein Ziel. – Refrain

P: Wie wichtig es ist, dass gerade wir Christen mit gutem Beispiel vorangehen, hat uns unser Freund Matthäus wärmstens ans Herz gelegt. Und wenn es stimmt, was die Exegeten heute sagen, dann hat er damit ziemlich wörtlich unseren Herrn und Meister zitiert.

Er schreibt in seinem Evangelium:

„Ihr seid das Licht der Welt. Eine Stadt, die auf einem Berg liegt, kann nicht verborgen bleiben. Man zündet auch nicht eine Leuchte an und stellt sie unter den Scheffel, sondern auf den Leuchter; dann leuchtet sie allen im Haus. So soll euer Licht vor den Menschen leuchten, damit sie eure guten Taten sehen und euren Vater im Himmel preisen." *(Mt 5,14-16)*

F: Jetzt können wir nur hoffen, dass man nicht nur hier im Himmel, sondern auch unter den Menschen die Geschichten des Giovanni Bosco weitererzählt, und dass durch sein Vorbild manchem ein Licht aufgeht.

P: Vielleicht nennen wir einfach noch drei gute Ratschläge von ihm und bitten Gott und die Menschen darum, dass es nicht nur gute Ratschläge bleiben:

F: „Wer Gutes tun will, muss ein wenig Mut haben und bereit sein, jede Verdemütigung auf sich zu nehmen, darf aber keinem eine solche zumuten und muss immer gütig sein."

P: „Jeder Augenblick ist kostbar! Leben wir deshalb so, als müssten wir täglich sterben!"

F: „Das Wichtigste ist, im anderen die guten Anlagen zu entdecken und für deren Entwicklung zu sorgen."

Die Halbnonne mit den flotten Sprüchen: Katharina von Siena (29. April)

Da soll noch jemand sagen, in der Kirche gäbe es keinen Sinn für Humor: Eine aufmüpfige Frau macht einen Papst lächerlich und kritisiert ihn heftig. Und was tut einer seiner Nachfolger? Er spricht diese Frau heilig. Doch der Reihe nach:

Sie war eine „Power-Frau" – würden wir heute sagen.

Charme hat sie, meint ein Politiker ihrer Tage: „Sie kann uns alle um den Finger wickeln."

„Mein Wesen ist Feuer" – so beschreibt sie sich selbst.

„Eine aufregende und rätselhafte Heiligengestalt" – heißt es über Katharina von Siena im Messbuch.

Für mich ist sie ein Paradebeispiel dafür, wie Gottes Kraft in menschlicher Schwachheit wirksam werden kann; aus welchen Gegensätzen und Widersprüchen Gott ein gerades, entschiedenes und mutiges Leben formen kann:

Als 23. Kind eines einfachen Wollfärbers 1347 in Siena geboren und als frohes und heiteres Mädchen aufgewachsen, wird Katharina später zu einer einflussreichen Frau, bei der Fürsten und Könige, Kardinäle und Päpste Rat holen.

„Die kleine Fröhlichkeit" – diesen Kosenamen geben Nachbarn und Verwandte dem quicklebendigen Kind, das als Erwachsene mit ihrem südländischen Temperament kräftig austeilen kann.

Aber auch schon als kleines Mädchen hat sie ihren eigenen Kopf: Weil sie von den Geschichten der ägyptischen Wüstenväter so angetan ist, klemmt sie sich eines Tages einfach ein Brot unter den Arm und spaziert durch ein Tor ihrer Heimatstadt hinaus, um die Wüste zu suchen.

Als Frau ohne Schulbildung diktiert sie ein Buch und knapp 400 Briefe mit teils drastischen und unhöflichen Formulierungen, die aber von den Spitzen in Staat und Kirche aufmerksam gelesen werden, und die inzwischen zur klassischen italienischen Literatur gehören. Die „von Stolz aufgeblähten Bischöfe" herrscht sie darin an, sie sollten nicht wie Schweine leben.

Obwohl sie nie Theologie studiert hat, wird sie heute offiziell als Kirchenlehrerin verehrt.

Wenn diese kleine und unscheinbare Frau mit dem pockennarbigen Gesicht auftritt, wird sie zunächst verspottet – wenn sie aber zu reden anfängt, verstummen alle und lauschen ihren Worten.

Als einfaches Mitglied im dritten Orden der Dominikaner nimmt sie bei den Großen und Mächtigen kein Blatt vor den Mund: „Seien sie nicht ein ängstlicher Säugling, sondern ein Mann", schreibt sie frech an Papst Gregor XI., oder: „Reißt aus dem Garten der Kirche die verfaulten Blumen aus, die von Schmutz, Habgier und Eitelkeit strotzen. Ich meine die schlechten Hirten und Vorgesetzten, die den Garten vergiften und verfaulen lassen." Und auf die ihrer Meinung nach unfähigen Priester schimpft sie wie ein Rohrspatz: „Die Kleriker sind Strohhalme und keine Säulen der Kirche. Sie strömen Gestank aus, mit dem sie die ganze Welt verpesten."

Obwohl sie selbst nicht gesund ist, pflegt sie aufopferungsvoll die Kranken ihrer Stadt.

Mit ihrer Mischung aus scharfem Verstand und glühendem Herzen betreibt sie die Rückkehr des Papstes von Avignon nach Rom und die innere Reform der Kirche – leider letztlich ohne Erfolg bis zu ihrem frühen Tod 1380.

„Katharina darf nicht am Erfolg gemessen werden; ihr Maß ist Gottes Liebe" – sagt Hanna-Renate Laurin bei einem Festvortrag über sie.

Mit ihrer Gradlinigkeit und Echtheit ist sie auch heute – nach über 600 Jahren – noch Vorbild und Appell: Nicht mit dem Strom zu schwimmen und nicht den Weg des geringsten Widerstandes zu gehen – dazu ermutigt sie auch uns.

Und wir können dankbar sein, dass ein Papst keine Angst hatte, sie zur Ehre der Altäre zu erheben, obwohl sie mit seinem Vorgänger nicht gerade zimperlich umgegangen ist ...

Papst Gregor XI. erhält einen Brief von Katharina

Der Stadtstreicher mit den skurrilen Possen: Philipp Neri (26. Mai)

Im Petersdom haben die Päpste dem heiligen Philipp Neri (1515-1595) ein Denkmal gesetzt: Seine Statue steht genau gegenüber der des heiligen Petrus – und die Römer nennen ihren originellen Heiligen noch heute den "zweiten Apostel Roms".

Bei einer langen und trockenen Predigt darüber, wie spritzig und fröhlich er war, würde er vielleicht noch milde lächeln, und eine Moralpredigt mit dem Motto „Wir sollten doch wieder etwas mehr Humor haben" würde er, wenn er könnte, sicher sofort unterbrechen und den Prediger vom Ambo zerren. Zu seinen Lebzeiten hat er das jedenfalls bei seinen Schülern und Freunden oft gemacht. Ich habe mir deshalb Folgendes ausgemalt:

Im Petersdom kehrt langsam Ruhe ein. Das Putzlappen-Geschwader hat die letzten Spuren der Audienz und der Pilgermassen beseitigt, die Mesner haben die großen Türen geschlossen und durch die Alabasterscheibe im Chor fällt kein Lichtstrahl mehr in die Kirche. Da beginnt ein Zwiegespräch zwischen diesen beiden Figuren, zwischen Petrus (P), dem Schutzherrn dieser und der ganzen Kirche, dem Fels, dem Vertreter der Institution und Tradition, – und Philipp Neri (N), dem Spaßvogel Gottes, dem fröhlichen Heiligen, dem „Sokrates in der Soutane", wie ihn ein Kardinal zu seinen Lebzeiten schon genannt hat:

P: Mein lieber Philipp, schon ein paar Jahrhunderte lang überlege ich mir, was dich hier in Rom und in der ganzen Kirche so beliebt gemacht hat. Wenn ich höre, was man alles über dich erzählt, denke ich manchmal, du warst ein kleiner Verrückter, ein Lausbub, der nie erwachsen geworden ist.

N: Ich glaube, da hast du gar nicht so unrecht – ab und zu habe ich es etwas zu bunt getrieben. Wenn ich nur an den jungen Adligen denke, der in unsere Gemeinschaft eintreten wollte: Um ihn zu testen, habe ich von ihm verlangt, dass er sich einen Fuchsschwanz ans Hinterteil hängt und so durch die Straßen Roms geht – ich habe ihn nie wieder gesehen.

P: Von der frommen Nonne, deren Heiligkeit du im Auftrag meines Nachfolgers überprüfen solltest, hat man auch nichts mehr gehört: Als sie ins Zimmer kam, hast du ihr deine dreckigen Stiefel unter die Nase gehalten – und weil sie sich geweigert hat, sie dir auszuziehen, hast du dem Papst erklärt: Sie ist nicht heilig, ihr fehlt die Demut.

N: Damit lag ich doch genau richtig – und im Übrigen weißt du ja: Aufgeblasene, stolze Menschen, die sich selbst zum Maß aller Dinge machen, waren mir immer ein Dorn im Auge. Geärgert habe ich mich auch über eine Dame, die beim Gottesdienst immer von der Kommunionbank weg direkt nach Hause ging – bis ich auf eine geniale Idee kam, wie ich sie auf ihr taktloses Verhalten hinweisen könnte: Ich ließ sie von vier Ministranten mit brennenden Kerzen bis zu ihrer Wohnung begleiten.

Allerdings habe ich auch mich selbst gern auf den Arm genommen.

P: Aber damit jedes Mal auch andere provoziert:

- die Kardinäle, denen du ein unanständiges Gedicht vorgetragen und zur Flöte vorgetanzt hast;
- die vornehme Römerin, die dich mit Adligen und Kirchenfürsten eingeladen hat, und bei der du dann mit einer bärtigen und einer frisch rasierten Gesichtshälfte erschienen bist;
- die Besucherinnen und Besucher deiner Gottesdienste, wenn es dir wieder einmal in den Sinn kam, in Bocksprüngen durch die Kirche zu tanzen;
- oder die fromme Frau, die dich verehrt hat: eine Ohrfeige hättest du ihr nicht geben müssen, als sie dich einen Heiligen genannt hat.

N: Genau das wollte ich eben nicht: Ich wollte nicht in dieses verkrustete, kitschige Heiligenbild hineingepresst werden: steife Gestalt, frommer Augenaufschlag, todernstes Benehmen. Gott sei Dank sind alle eure Disziplinierungsversuche gescheitert: Der Beichtvater, der mir eingeredet hat, ich solle Priester werden, hat wohl geglaubt, er könne mich dadurch zu einem harmlosen und ungefährlichen Zeitgenossen machen.

P: Das ist doch eine glatte Unterstellung.

N: Und was haben deine strenggläubigen römischen Schäfchen mit mir gemacht: Vors Inquisitionsgericht haben sie mich geschleppt und mir vorgeworfen, die Kirche brauche strengere Priester und nicht solche, die mit den Kindern auf der Straße spielen und den Leuten lustige Geschichten erzählen. Man hat mich verhört und mir Folter und Gefängnis angedroht.

P: Sieh mal, Philipp, du musst das verstehen. Die Leute waren verunsichert.

N: Nicht einmal nach meinem Tod hat man aufgehört, mich zurechtzustutzen: Diese Schreiberlinge, die Hagiografen, haben vieles verharmlost, und dass ich lieber Witze und lustige Geschichten gelesen habe als theologische Bücher, haben fast alle ganz verschwiegen.

Und was haben deine Freunde aus meinem Oratorium, aus meiner „Herberge zur christlichen Fröhlichkeit" gemacht? Wir waren eine Gemeinschaft aus Laien und Klerikern, haben – ohne feste Regeln – einfach miteinander gebetet, gesungen und über das Evangelium gesprochen. Warum haben sie es klerikalisiert und ins Schema anderer Orden hineingezwängt?

P: Ist ja gut, lieber Philipp, ich kann deinen Ärger schon verstehen. Auch wenn ich nicht alles unterschreiben kann, was du getrieben hast, eins muss man dir lassen: In vielen Dingen bist du konsequent deinen Weg gegangen; hast meinen Nachfolgern in einer nicht gerade rühmlichen Zeit gehörig ins Gewissen geredet; hast auf deine humorvolle, ironische Art Missstände angeprangert – und, was damals eine Seltenheit war: Du hast auch etwas dagegen unternommen. Ich war fast ein bisschen neidig, dass du mit deiner unkomplizierten Art oft mehr erreicht hast als meine Nachfolger mit ihren strengen Reformgesetzen. Was du getan hast, wuchs aus dem Gebet und führte wieder dorthin.

N: „Wir können niemals zum beschaulichen Leben gelangen, wenn wir uns nicht zuerst fleißig im tätigen Leben üben" – das war mein Wahlspruch.

P: Mit deinen Scherzen und Späßen hast du Kinder und Jugendliche von der Straße geholt.

Als die Juden vom Papst verfolgt wurden und im Getto leben mussten, hast du ihnen Asyl gewährt.

Als Zigeuner zum Sklavendienst auf den Galeeren gezwungen wurden, hast du bei meinem Nachfolger protestiert – und sie wurden freigelassen.

Und als Kontrastprogramm zu den ausschweifenden Karnevalsumzügen hast du eine neue Prozession zu den sieben Hauptkirchen Roms eingeführt – natürlich konntest du es nicht lassen, diese Prozessionen durch Spiele und Tanz zu unterbrechen und zwischendurch immer wieder deine lustigen weltlichen Lieder zu singen.

N: Mir hat das richtig Spaß gemacht und für die vielen Tausend, die mitgegangen sind, war es sicher auch ein schönes Erlebnis. Und warum darf der Glaube nicht etwas Fröhliches sein?

P: Italienischer Volksheiliger mit 4 Buchstaben – langsam verstehe ich, warum fast jeder diese Kreuzworträtselfrage beantworten kann.

Manchmal frage ich mich allerdings, ob meine Nachfolger richtig gehandelt haben, als sie dich heiliggesprochen haben.

N: Zumindest haben sie viel Humor bewiesen, denn jemanden heiligzusprechen, der sich in seinem Leben so energisch gegen Verehrer und Verehrerinnen gewehrt hat wie ich – dazu gehört schon eine ganze Menge Humor.

P: Dann hätte die Kirche ja schon ziemlich viel von dir gelernt – und das wäre vielleicht ganz gut so. Einen Satz von dir habe ich mir jedenfalls gut gemerkt.

N: Meinst du den: „Heiterer Sinn stärkt das Herz und macht uns beharrlich im guten Leben, deshalb sollte der Diener Gottes immer wohlgemut sein."

P: Genau den, und ich glaube, bei dir kann man auch spüren, dass diese Heiterkeit nicht bloß aufgesetzt ist, sondern aus der Demut, aus dem Gebet, aus der Betrachtung der Heiligen Schrift kommt.

Auf der anderen Seite macht mir dein Provozieren zu schaffen: Glaubst du nicht, dass das der Kirche geschadet hat?

N: Gegenfrage: Glaubst du nicht, dass gerade das Provozierende, das Überraschende in der Kirche ganz wichtig ist, um die Frohe Botschaft lebendig zu halten, um die Christen wachzurütteln? Ich habe zwar als Theologiestudent meine Bücher verkauft und verstehe vieles nicht, was Karl Rahner schreibt, aber einen Satz habe ich kapiert: „Die christliche Gemeinde darf kein Ofen sein, der nur sich selbst wärmt, keine Reservation für Lebensuntüchtige, kein frommes Betkränzchen für harmlose Gemüter, die nichts fertigbringen, als fromm zu sein und diese Frömmigkeit zu kompromittieren."

Und um das zu verhindern, habe ich provoziert, habe ich Menschen auf der Straße angesprochen, habe ich Selbstgefällige lächerlich gemacht – nicht, um mich in den Mittelpunkt zu stellen, sondern um das Überraschende und Frohmachende der Gnade Gottes zu zeigen und die Menschen dafür zu öffnen.

P: Aber, wenn das jeder so machen würde, wie es ihm gerade in den Sinn kommt – ich hätte Angst um unsere Kirche ...

N: Ist es nicht genau diese Angst in der Kirche, die dem Evangelium widerspricht, die Angst vor echten Reformen und Experimenten, die Angst der Institution um ihre eigene Macht und Existenz? Und steckt nicht hinter dieser Angst ein Mangel an Vertrauen; eine Ungeduld, die keine Entwicklung im Glauben zulässt; eine Kleingläubigkeit, die dem Menschen nichts zutraut? Wie soll eine Kirche, in der es Angst gibt und die selbst Angst macht, glaubwürdig von Befreiung und Erlösung reden? Sie müsste ein Klima schaffen, in dem Fantasie, Spontaneität, Kritikfähigkeit und Mut nicht unterdrückt, sondern gefördert werden!

P: Glaubst du, dass das in der Kirche möglich ist?

N: Vielleicht fragst du einfach einmal deinen Nachfolger Johannes XXIII ? –

Jetzt haben wir lange geplaudert; wir müssen – glaube ich – aufpassen, dass wir nicht in den alten Fehler fallen, viel zu reden und nichts zu tun!

P: Und was könnten wir deiner Meinung nach tun?

N: Ich will einfach ein paar Bitten und Wünsche äußern und hoffen und vertrauen, dass Gott und Menschen sie hören und miteinander verwirklichen.

P: Dann bitte ich darum, dass die Menschen Geduld miteinander haben; dass sie weniger urteilen und verurteilen; dass sie gemeinsam nach der Wahrheit des Evangeliums suchen.

N: Und ich bitte darum, dass viele Menschen den Mut zu einer originellen Lebensgestaltung finden; dass ihre Mitmenschen tolerant sind und sich dadurch zum Nachdenken provozieren lassen; dass die Kirche ein Raum bleibt, in dem viele Formen der Christus-Nachfolge möglich sind.

P: Ich bitte darum, dass die Menschen zum Gebet und zur Beschäftigung mit der Heiligen Schrift finden; dass ihnen daraus Freude, Humor und Gelassenheit erwachsen; und dass sie in dieser Haltung anderen helfen können.

N: Und ich bitte darum, dass in unserer Kirche die Hoffnung über die Angst siegt; dass sich die Kirche aus dem Geist der Freude heraus erneuert; und dass sie sich immer wieder an ihre fröhlichen Heiligen erinnert, wenn Verkrampfung und Erstarrung drohen, wenn Uniformierung und Gleichmacherei einsetzen.

Noble Einladung, oder: Woran ist Philipp Neri zu erkennen?

Der Gentleman mit dem englischen Humor:
Thomas Morus (22. Juni)

Ein Mann, der über ein Jahr lang im Gefängnis sitzt, hat Zeit zum Nachdenken und führt wahrscheinlich auch viele Selbstgespräche. Und einer wie Thomas Morus (1478 – 1535) – Lordkanzler unter Heinrich VIII. in England, Politiker und Schriftsteller – blickt in dieser Zeit bestimmt auf sein Leben zurück und zieht Bilanz. Wenn er sich darüber Rechenschaft gibt, welche Wesenszüge ihm eigen sind, was ihn geprägt hat und wie er mit seinen Mitmenschen umgegangen ist, dann darf ein Stichwort nicht fehlen: Humor. Er wird sich eingestehen, dass er oft über sich selbst schmunzeln musste, und dass er andere gern auf den Arm genommen hat.

Versuchen wir einmal, uns in seine Gedanken einzublenden und ihm ein wenig zuzuhören:

Es war schon eine komische Situation, als die Leute entdeckten, dass ich ein „Doppel-Leben" führe: Bis dahin wusste nur meine Tochter, dass ich jeden Tag unter den prachtvollen Staatsgewändern das kratzende Büßerhemd der Kartäuser trage. Dann muss ich wohl einmal beim Anziehen nicht aufgepasst haben ...

Sicher hat man hinter meinem Rücken kräftig über mich gelacht. Aber mich hat dieses Büßerhemd immer an meine Klostervergangenheit erinnert: Vier Jahre war ich Gast bei den Kartäusern in London, und die strenge Spiritualität der Mönche ist eine Grundlinie meines Lebens geblieben. Mein Freund Erasmus von Rotterdam weiß, warum ich mich doch nicht endgültig für das Kloster entschieden habe. Er schreibt einmal treffend: „Es wäre kein Hinderungsgrund vorhanden gewesen, sich dieser Lebensart zu weihen, wenn er die Sehnsucht nach einer Frau hätte abschütteln können."

Ich habe meine Entscheidung nie bereut. Auf meine Familie wollte ich nicht verzichten, und meine Aufgaben als Richter und als Politiker habe ich gerne erfüllt. Aber was ich damals bei den Kartäusern eingeübt hatte, war mir in verschiedenen Situationen meines Lebens eine große Hilfe. Mein Schwiegersohn William Roper hat recht, wenn er sagt: „Es war immer seine Gewohnheit, bevor er eine wichtige Sache anging, in die Kirche zu gehen, zu beichten, die Messe zu hören und die Kommunion zu empfangen."

Und jetzt will es anscheinend die Ironie des Schicksals, dass am Ende eines Lebens im Rampenlicht der Öffentlichkeit wieder eine kleine Zelle steht. Meiner Tochter Margret schrieb ich neulich: „Vermutlich glauben jene, die mich hier hineingesteckt haben, sie hätten mir etwas Unangenehmes zugefügt. Aber ich versichere dir, wäre nicht die Sorge um Frau und Kinder gewesen, so hätte ich mich schon längst in einen noch engeren Raum zurückgezogen."

Das kratzende Büßerhemd unter den Staatsgewändern – für andere vielleicht eine Marotte, für mich aber ein sprechendes Zeichen, woher ich die Kraft für meine verantwortungsvollen Aufgaben genommen habe. Ein Zeichen für den Versuch, die Balance zu finden zwischen Stille und Staatsgeschäft, zwischen Gebet und Aktivität.

Unbegreiflich für viele sind wahrscheinlich meine Vorstellungen über Erziehung und Bildung – mein Plädoyer dafür, dass auch Frauen studieren sollen, und meine Warnung vor übergroßer Strenge: „Keine Szenen, keine Prügel!" – heißt meine Maxime. Wo für andere immer noch der Stock das wichtigste Erziehungsinstrument ist, wollte ich meinen Kindern durch Güte, Überredung und Scherz etwas beibringen. Das habe ich ihnen auch geschrieben: „Oft habe ich euch geküsst und nur selten geschlagen, ihr wisst es; meine Rute war stets nur eine Pfauenfeder."

Charakterschulung, Hilfe zur Entwicklung eines eigenen Lebensstils, Liebe zur Musik, zur Literatur, zu allen Künsten, zu

Schriftlesung und Gebet – das stelle ich mir unter echter Erziehung vor. Manchmal bin ich in meinem Bildungseifer allerdings auch zu weit gegangen. Heute würde ich meine Frauen wohl nicht mehr zwingen, ein Instrument zu lernen oder nach dem Gottesdienst die lateinische Sonntagspredigt zu wiederholen. Aber ich hoffe, sie und unsere Kinder haben gespürt, dass ich ihnen helfen wollte, ihre Anlagen zu entfalten; dass ich gute und frohe Menschen aus ihnen machen wollte.

Das feine Gespür für Recht und Gerechtigkeit, das sich bei mir schon sehr früh entwickelt hat, lässt sich in einem meiner witzigen Vergleiche entdecken: „Stünde auf der einen Seite mein Vater und auf der anderen der Teufel, und dessen Sache wäre gut, dann sollte der Teufel recht bekommen."

Wo es nötig war, habe ich Verantwortung übernommen – Verantwortung für den Staat, und Verantwortung vor meinem Gewissen. Der König hatte mir zwar versprochen, nichts von mir zu verlangen, was meinem Gewissen widerspricht, aber so ganz getraut habe ich ihm nicht: „Wenn mein Kopf ihm eine Burg in Frankreich gewinnen könnte, würde er ihn sicher abschlagen" – habe ich schon früher gesagt.

Jetzt hat er sich zum Oberhaupt der englischen Kirche gemacht, seine erste Ehe für ungültig erklärt und fordert von allen, diese Entscheidung mit ihrem Eid zu bekräftigen. Weil er sein Versprechen vergessen hat, sitze ich im Tower. Meinem Wächter habe ich zwar vorgeschlagen: „Wenn ich mich hier über Kost und Logis beklagen sollte, dann werfen sie mich doch ruhig hinaus." Aber bisher ist er auf diesen Vorschlag nicht eingegangen – leider, denn zum Märtyrer fühle ich mich wirklich nicht geboren.

Über meine Art von Humor werden sich die Leute wohl noch eine Weile den Kopf zerbrechen. Das Schicksal hat mir nun einmal den Namen „Morus" gegeben, und ich habe versucht, ihm alle Ehre zu machen: Das griechische „moros" bedeutet nämlich „närrisch" – und so habe ich mich auch oft aufgeführt. Mein Freund Erasmus sagt es etwas vornehmer: „Es ist, als wäre es ihm ständig ums Lachen. Von Jugend auf hatte er solche Freude am Spaßmachen, dass man sagen könnte, er sei dazu geboren."

Zunächst macht es mir einfach Spaß, die Leute ein bisschen vor den Kopf zu stoßen: Wenn ich etwas Lustiges im Sinn habe, setze ich eine ernste Miene auf, und wenn ich etwas Ernstes sagen will, verpacke ich es in einen Scherz. Nur ein Beispiel für die vielen ironischen Verse, die mir eingefallen sind: „Wenn dein Fuß so leicht wäre wie dein Verstand, dann könntest du einen Hasen mitten auf dem Felde überholen."

Sicher sind einige auch irritiert von meinen hintersinnigen Gedichten. Eine Kostprobe gefällig?

Es tobt der Sturm, es bebt das Schiff.
Die Mannschaft fürchtet sich zu Tod:
„Die Sündenschuld hat uns im Griff;
sie bringt uns jetzt in diese Not."

Per Zufall ist ein Mönch an Bord.
Sie drängen sich an ihn heran.
Er hört die Beicht in einem fort. –
Der Sturm, der hält sich weiter dran.

„Es ist", so ruft ein schlauer Kopf,
„das Schiff von Sünden noch nicht frei.
Werft über Bord den Klostertropf,
dann geht der Sturm gewiss vorbei."

Gesagt, getan, sie packen zu
und werfen ihn ins wilde Meer.
Es schweigt der Sturm, die See hat Ruh.
Die Heimfahrt ist jetzt nicht mehr schwer.

Und die Moral von der Geschicht:
Die Sünde hat ein groß Gewicht.

Die Entsorgung eines Beichtvaters

Man versenkt den Beichtvater und schon ist das Schiff von der ganzen Sündenlast befreit – dieser schwarze Humor provoziert bestimmt manche frommen Gemüter genauso wie die Inschrift, die ich mir auf meinen Grabstein wünsche: Weil ich meine zweite Frau Alice genauso liebe wie meine erste Frau Jane, die so früh gestorben ist, soll es in dieser Inschrift heißen: „Ach, wie glücklich hätten wir alle drei zusammengelebt, wenn Schicksal und Moral es gestattet hätten ... So wird der Tod uns schenken, was das Leben uns nicht geben konnte."

Ich gestehe: Mein Humor hat mir bisher immer geholfen, in den Höhen und Tiefen meines Lebens gelassen zu bleiben; beim rasanten Aufstieg zum Lordkanzler nicht übermütig zu werden und beim tiefen Sturz in den Kerker nicht zu verzweifeln. Humor heißt für mich: Die Widersprüche des Lebens annehmen, den Wechsel von Hoch-Zeiten und Tief-Punkten akzeptieren. Deshalb ist mir auch eine Stelle aus dem Buch Kohelet besonders ans Herz gewachsen: „Alles hat seine Stunde. Für jedes Geschehen unter dem Himmel gibt es eine bestimmte Zeit. Eine Zeit zum Gebären – und eine Zeit zum Sterben ...“

Und die Konsequenz, die Kohelet aus dieser Erkenntnis gezogen hat, habe ich zu meinem Wahlspruch gemacht: „Nur dazu sind wir auf Erden, um uns gegenseitig zu einem Leben in größter Fröhlichkeit zu helfen.“

Selbst jetzt im Tower-Gefängnis bin ich zu Späßen aufgelegt: Abgesandte des Hofes ließ ich in meine Zelle kommen, um ihnen zu sagen, dass ich es mir anders überlegt hätte. Die Beamten erwarteten natürlich, ich würde jetzt doch noch den geforderten Eid leisten, um der Todesstrafe zu entgehen. Sie waren völlig verblüfft, als ich ihnen sagte: „Ich habe wirklich meine Meinung geändert, Mylords. Zuerst nämlich wollte ich mir vor der Hinrichtung den Bart abnehmen lassen. Mittlerweile aber habe ich den Entschluss gefasst, ihn am Schicksal meines Kopfes teilnehmen zu lassen.“

Sogar noch auf seinem letzten Gang wird der trockene englische Humor des heiligen Thomas Morus ein paar Mal aufblitzen: Als man ihm beim Hinaufsteigen aufs Schafott helfen muss, sagt er lächelnd: „Herunter komme ich dann schon allein.“

Auf dem Richtblock schiebt er, kurz bevor er geköpft wird, seinen Bart beiseite mit den Worten: „Der hat doch keinen Hochverrat begangen.“

Und selbst, als der Scharfrichter schon mit erhobenem Beil neben ihm steht, hat er noch Zeit für einen kleinen Scherz: „Gib acht, dass du nicht schief zuschlägst! Ich habe einen kurzen Hals, und du musst auf deinen Ruf als Scharfrichter achten.“

Gott sei Dank schließen sich Heiterkeit und Heiligkeit nicht aus ...

Die Klosterfrau mit der forschen Gerissenheit: Teresa von Avila (15. Oktober)

„Stur wie ein Ochse, dickfellig wie ein Elefant und schlau wie ein Fuchs, Opfer der Inquisition und Lehrerin der Kirche, schuldbewusst und aufmüpfig, der Fleisch gewordene Gegenbeweis für all jene schauderhaften Klischeevorstellungen, wie Heilige, Klosterfrauen und überhaupt Katholikinnen zu sein haben: brav, bescheiden, nicht zu intelligent und vor allem gehorsam gegenüber den Männern." So beschreibt ein Biograf die heilige Teresa. „Die emanzipierte Nonnen" hat man sie auch oft genannt.

Als liebenswertes, charmantes Mädchen wird die 1515 in Avila geborene Teresa beschrieben, und man erzählt von ihr, dass sie Menschen zum Lachen bringen und ganze Gesellschaften unterhalten könne.

Fasziniert von den vielen schaurig-schönen Märtyrergeschichten, die man ihr vorgelesen hat, marschiert sie als Neunjährige zusammen mit ihrem Lieblingsbruder Rodrigo in Richtung Osten los, um ins Land der Mauren zu kommen und sich dort köpfen zu lassen. Allerdings kommen die beiden Pilger nicht sehr weit: Auf der Straße nach Salamanca werden sie von ihrem Onkel erwischt und statt des erhofften Martertodes bekommen sie lediglich eine Tracht Prügel.

Das Temperamentsbündel Teresa lässt sich durch diesen „Flop" aber nicht entmutigen und sprüht vor neuen Ideen: Zuerst will sie Einsiedlerin werden, dann trainiert sie im Garten ihrer Eltern zusammen mit ihren Freundinnen „Klostergründen" und baut mit ihnen windschiefe Häuschen.

Die etwas andere Klostergründung

Im Alter von 19 Jahren wird sie Karmelitin, aber nach vielen Jahren „oberflächlicher Mittelmäßigkeit" in ihrem religiösen Leben und einer dreijährigen Lähmung erlebt sie erst als 40-Jährige ihre entscheidende Bekehrung. Jetzt kann sie ihren Kindertraum verwirklichen und ein Kloster nach dem anderen gründen. Mit einem Ochsenkarren ist sie unermüdlich unterwegs und besetzt mit ein paar Mitschwestern bei Nacht und Nebel verlotterte Häuser. Der päpstliche Nuntius Filippo Sega bezeichnet sie als „herumstreunendes, halsstarriges Weib".

Sie selbst möchte jeden Augenblick ihres Lebens bewusst auskosten – sowohl die Freuden als auch die Anstrengungen: „Wenn

Rebhuhn, dann Rebhuhn, wenn Fasten, dann Fasten" ist ihr bekanntester Ausspruch.

„Eher würde ich mich mit allen Theologen der Welt in eine Diskussion einlassen als mit dieser Frau" – meint ihr Beichtvater. Und ein Bischof, der erfahren hatte, Teresa plane in seiner Diözese ein Kloster zu gründen, soll resigniert geseufzt haben: „Dann ist es schon gegründet!"

Diese außergewöhnliche Frau weiß um ihre Unerschrockenheit und Hartnäckigkeit. Einmal schreibt sie, selbst Gott hätte an ihrer Respektlosigkeit leiden müssen: In einer Vision hätte er ihr den gekreuzigten Jesus gezeigt und dazu gesagt: „So behandle ich meine Freunde." Darauf hätte sie geantwortet: „Deshalb hast du ja auch so wenige!"

Teresa von Avila – eine Vollblutchristin: radikal, aber nicht verbissen, zielstrebig, aber immer humorvoll; ein energischer Wirbelwind, aber immer mit gewinnendem Charme. Ein Hauch ihres mitreißenden Christseins könnte uns nicht schaden ...

„GESCHÜTTELT, NICHT GERÜHRT" – REIM-COCKTAIL ZUM NEUEN TESTAMENT

Man kann

über manche Bibelstellen nur den Kopf schütteln;

sich bei einigen völlig überzogenen Vergleichen Jesu vor Lachen schütteln;

durch seine tröstende Botschaft Ärger abschütteln und gelassener werden;

sich von den provozierenden Sätzen Jesu durchschütteln und aufwecken lassen.

Man kann aber auch – von all dem ungerührt und ohne katechetische Absicht – mit Lust und Freude Schüttelreime fabrizieren und illustrieren ...

Die heilige Familie in Betlehem

Nicht trauen kann man hier den Wirten,
doch herzlich danken wir den Hirten.

Die Weisen aus dem Morgenland (Mt 2,1-12)

Sie sahen einen guten Stern,
bestiegen ihre Stuten gern
und brachen auf zur weiten Reise –
ein jeder sah: Da reiten Weise!

Von Splittern und Balken (Mt 7,1-5)

Der Herr sagt: „Leute, seht, das Richten
bringt gar nichts." Und er rät: „Das Sichten
von fremder Schuld ist immer schlecht.
So macht ihr alles schlimmer – echt!
Beim Splitter packt dich Riesen-Wut,
wenn er – nicht mal erwiesen – ruht
in Bruders Aug'. – Nur warum das?
Du kümmerst dich nicht darum, was
da steckt in deinen grauen Linsen:
ein Balken! Mit 'nem lauen Grinsen
versuchst du, blüten-weiß zu scheinen,
statt über eignen *Sch ... rott* zu weinen.

Balken im Auge

Von Mücken und Kamelen (Mt 23,23-24)

Euch Pharisäern sag' ich: Wehe!
Und warum ich das wag'? Ich sehe,
wie ihr so gerne klagt und jammert,
nach Fehlern andrer jagt – und klammert
an Regeln euch fanatisch stur.
Warum seid ihr so statisch nur,
auf Kleinigkeiten ganz versessen?

Wie könnt ihr die Brisanz vergessen,
die in den großen Werten liegt
und viel bei Schriftgelehrten wiegt?
Gerechtigkeit – ist rar und wichtig,
Erbarmen, Treue – wahr und richtig.
Doch ihr – ich sag es witzig-heiter,
siebt Mücken aus, schluckt hitzig weiter –
Kamele! – Ich seh' ragen munter
die Beine schon zum Magen runter.

Paulus

Verbreitet er als Saulus Pein,
so lässt er das als Paulus sein.

Römerbrief

Die Römer zeigen Lernbegehren,
und Paulus will sie gern belehren
in einem Brief mit vielen Zeilen –
lang muss er an den Zielen feilen.
Zuerst: Nur Glaube kann euch retten,
wo andre Kräfte ran euch ketten
an Tod und Sünde. – Doch, was nun?
Natürlich müsst ihr noch was tun:
Den Glauben leben, wahr auch handeln
und euch mit Haut und Haar auch wandeln.
Vermeidet immer Hass und Spaltung,
bewahrt trotz allem Spaß und Haltung!

„DIE KIRCHE HÄLT SICH ÜBER WEIHWASSER" – NACHRICHTEN, DIE CHRISTEN AUFHORCHEN LASSEN

Wer mit einem Interesse an kirchlichen Themen und mit der Brille des Humors die Medienlandschaft betrachtet, entdeckt immer wieder Pressemeldungen, Zeitungsnotizen oder Nachrichten, die sofort die Fantasie beflügeln, zum Weiterdenken anregen und zum Ausmalen reizen.
So sind im Lauf der Jahre einige Glossen und Zeichnungen entstanden.

Viel Vergnügen …

Hoffnung für unseren 1. FCK?

Fußballmannschaften wie die TSG 1899 Hoffenheim oder RB Leipzig haben es geschafft – mit ihrer frischen und effektiven Spielweise sind sie von der Kreisliga bis in die 1. Bundesliga aufgestiegen. Die Fans sind begeistert, die Mitgliederzahlen steigen kräftig.

Eine andere Mannschaft steckt dagegen immer noch in einer gewaltigen Krise. Wer sich ihr Spielsystem etwas genauer anschaut, kann davon nicht überrascht sein: mehrere Rechtsaußen, die bei jedem Angriff ins Abseits laufen – ein weit zurückhängendes Mittelfeld – eine massierte Abwehr, die die Räume eng macht. Wer versucht, über den linken Flügel zu stürmen, wird vom Trainer sofort vom Platz genommen und gegen einen weiteren Abwehrspieler ausgewechselt.

Kein Wunder, dass sich bei dieser defensiven Einstellung Eigentore und Fehlpässe häufen.

Hoffen wir, dass bald wieder ein frischer Wind, ein neuer Geist diese Mannschaft beflügelt. Denn niemand will, dass unserem 1. FCK(irche) Fans und Mitglieder davonlaufen und er aus der Weltklasse in die Bezirksliga absteigt.

„Komm, Schöpfer Geist ...“

Kreativitätsforscher haben herausgefunden: Kreativität, schöpferischer Geist kann sich in den Gemeinschaften und Organisationen entfalten,

- in denen Entscheidungsprozesse nicht einseitig von oben nach unten verlaufen;
- in denen man Ideen angstfrei äußern kann und Verbesserungsvorschläge erwünscht sind;

- in denen die Einzelnen zu eigenständigem Denken ermutigt werden;
- in denen man lachen und scherzen darf.

„Komm, Schöpfer Geist, kehr bei uns ein" – singen wir jedes Jahr an Pfingsten. Ob er derzeit in seiner Kirche eine Chance hat, sich zu entfalten? Wie gesagt, Kreativitätsforscher haben herausgefunden ... (siehe oben)

Lieder-lich

Erinnern Sie sich noch an eine kurze Pressemeldung, die vor einigen Jahren die Runde machte: „Mit Kirchenliedern haben sechs Bankräuber in Kenias Hauptstadt Nairobi ihre Geiseln unterhalten. Die Gangster hatten sich für drei Stunden in einer Bank verbarrikadiert und eintreffenden Kunden Geld und Schmuck abgenommen. Um ihren Opfern die Wartezeit bis zur Freilassung zu verkürzen, sangen sie ihnen die Kirchenlieder vor (dpa)."

Ich war schockiert und ratlos zugleich: Was könnte man bei uns in diesem speziellen Fall singen? Welche Lieder ließen sich in deutschen Gesangbüchern für einen solchen Anlass finden?

In vielen besonderen Situationen haben wir ja sofort den passenden Choral parat: Der Reeder kann, wenn die Geschäfte gut laufen, das Container-Lied anstimmen – im Gotteslob die Nr. 236 („Es kommt ein Schiff, geladen bis an sein höchsten Bord"), und alle Grippekranken krächzen, so gut es eben geht, in „Erdentöne – Himmelsklang" die Nr. 140 („Einer hat uns angesteckt").

Im Evangelischen Gesangbuch, das in dieser Hinsicht noch viel ergiebiger ist, finden die Mercedesfahrer unter der Nr. 407 ihre Erkennungsmelodie („Stern, auf den ich schaue"), die Taucher können bei Erfolgserlebnissen die Nr. 354 summen („Ich habe nun den Grund gefunden"), Metzger intonieren, wenn sie den Umsatz steigern wollen, die Nr. 330 („O dass ich tausend

Zungen hätte"), und Amateurfunker greifen bei Problemen gerne zur Nr. 11 („Wie soll ich dich empfangen?").

Aber auf Banküberfälle sind wir liedmäßig absolut nicht vorbereitet. Und ausgerechnet das Lied, mit dem wir uns notdürftig behelfen könnten, ist ins neue Gotteslob nicht mehr aufgenommen worden: „Der Herr bricht ein um Mitternacht" ...

Schlag(er) auf Schlag(er)

Oldies haben zur Zeit Hochkonjunktur, und auch die Schlagersängerinnen und Schlagersänger von damals sind wieder „in". Ich hatte die Gelegenheit, einige von ihnen persönlich zu kirchlichen Themen zu befragen. Die interessantesten Antworten will ich Ihnen nicht vorenthalten:

Auf die Frage, wie er den Rückgang der Kirchenbesucherzahlen erlebe, antwortete SACHA DISTEL etwas traurig: *„Der Platz neben mir ist leer."*

Zum kirchenpolitischen Kurs mancher älterer Herren im Vatikan FREDDY QUINN: *„Hundert Mann und ein Befehl, und ein Weg, den keiner will."*

Die Tatsache, dass einige Bischöfe gerne nach oben schielen und sich bei Kardinalsernennungen übergangen fühlen, kommentierte HAZY OSTERWALD so: *„Der Fahrstuhl nach oben ist besetzt, Sie müssen warten."*

Zum Entzug der Lehrbefugnis für Professor Hans Küng, über den sich viele Ältere unter uns immer noch empören, wollte RITA PAVONE nur zwei Worte sagen: *„Arrivederci Hans!"*

Die Unsicherheit, wie es mit der Kirche weitergehen werde, brachte CLIFF RICHARD auf den Punkt: *„Das ist die Frage aller Fragen."*

Und schließlich gab BILLY MO uns beiden, Dieter Groß und mir, noch ein paar aufmunternde Worte mit auf den Weg. Er sei überzeugt, dass niemand nach einem Blick in unser Büchlein sagen werde: *„Ich kauf' mir lieber einen Tirolerhut!"*

Wenn ihr nicht werdet wie die Kinder ...

Sie werden es mir wahrscheinlich nicht glauben – aber Folgendes habe ich tatsächlich unter der Rubrik „Aufgelesen" in der Stuttgarter Zeitung gefunden: „Der mexikanische Priester Marcos Monzalvo will den Rückgang der sonntäglichen Kirchenbesucher in seiner Gemeinde mit einem ungewöhnlichen Mittel aufhalten. Er(...)schießt am Ende jeder Messe mit Weihwasser aus einer Wasserpistole auf die Gläubigen, um ihnen den Segen zu spenden. ‚Die Menschen quittieren dies mit Applaus und Gelächter', berichtet die Zeitung ‚Reforma'. Um die Kinder zu unterhalten, erzähle der 38-jährige Priester, er habe das Plastikspielzeug von den Heiligen Drei Königen geschenkt bekommen. Der Priester versicherte, dass er die ‚Segnungspistole' mit großem Respekt gegenüber der Religion, der Kirche und den Menschen einsetze. Inzwischen sind die Gottesdienste gut besucht."

Nicht auszudenken, wenn jetzt überall Kinderspielzeug als liturgisches Gerät zum Einsatz kommt: Die größeren Ministrantinnen und Ministranten würden vielleicht mit Inline-Skatern die Gaben zum Altar bringen; die kleineren müssten ein Dreirad benützen, von dem ich dann sagen könnte, es käme direkt aus der Werkstatt des heiligen Josef. Beim Friedensgruß würden wir uns bunte Bälle zuwerfen, die Mesnerin dürfte mich mit Bahnwärterstäfelchen und Dienstmütze aus der Sakristei heraus- und wieder in die Sakristei hineinwinken, und Ihre Kollekte könnten Sie hinten mit einer kleinen Schaufel in ein Eimerchen schütten. Die Zahl der Gottesdienstbesucher würde sich dadurch sicher so drastisch erhöhen, dass wir jeden Sonntag den Gottesdienst mit einer Großleinwand auf den Kirchplatz übertragen müssten ...

Volle Deckung

Bibeltreue Christen

Verschiedenen Umfragen zufolge wissen die wenigsten Deutschen über Jesus und die Bibel Bescheid. Orientierung an den Worten der Heiligen Schrift sei nicht mehr ‚in' – stellen die Meinungsforscher fest.

Ich erlebe jeden Sonntag das Gegenteil:

Viele nehmen sich das Wort Jesu zu Herzen: „Selig, die nicht sehen und doch glauben" – und suchen sich in der Kirche immer

die Plätze hinter den Säulen oder im letzten Winkel der Seiten-
schiffe.

Andere halten sich streng an Jesu Aufforderung: „Setze dich
auf den letzten Platz!" – und bevölkern die hintersten Bänke im
Schatten der Empore.

Manche haben sich den Satz zu eigen gemacht: „Die Letzten
werden die Ersten sein" – als Letzte tauchen sie kurz vor dem
Evangelium im Gottesdienst auf, und als Erste suchen sie schon
vor dem Orgelnachspiel wieder das Weite.

Wer will da noch behaupten, es gäbe keine bibeltreuen Christen mehr ...

Folgsam auf den letzten Plätzen

Es geht aufwärts

Schlecht besuchte Sonntagsgottesdienste und frustrierte Pfarrer, leere Kirchen und ratlose Bischöfe – das alles wird bald der Vergangenheit angehören. Denn eine Studie in den USA hat ergeben, dass die Lebenserwartung von Kirchgängern um zehn Prozent höher ist als bei denen, die nie in die Kirche gehen.

Der Vatikan soll – Gerüchten zufolge – schon die Werbeagentur „Ad multos annos" gegründet haben, um diese Erkenntnis weltweit zu verbreiten. Mit flotten Zweizeilern will sie demnächst für den lebensverlängernden Kirchgang werben.

In den Jugendräumen der Gemeindezentren werden Poster hängen – mit dem Bild von fröhlichen Pfadfindern und dem Vers: „Willst du dir langes Leben gönnen, darfst du am Sonntag nicht verpennen!"

Das Fernsehen zeigt in Kürze einen Werbespot, in dem ein agiles Rentnerehepaar ein Gesangbuch in die Kamera hält und verkündet: „Weil wir sehr oft zur Kirche starten, muss Petrus noch ein Weilchen warten."

Und der vatikanische Ökumene-Beauftragte wird mit dem Vorsitzenden des Lutherischen Weltbundes der Öffentlichkeit den gemeinsamen Slogan präsentieren: „Ob Messe oder Abendmahl – wer häufig hingeht, bleibt vital!"

Der Erfolg dieser Werbekampagne wird überwältigend sein – denn was tut man nicht alles, um sein Leben um zehn Prozent zu verlängern. Deshalb ein guter Rat: Trainieren Sie schon jetzt, rechtzeitig zum Gottesdienst zu erscheinen. Denn bald werden Nachzügler in unseren überfüllten Kirchen keinen Platz mehr finden ...

Logisch – oder?

Onkel Eduard erkämpft sich mit seinem Regenschirm mühsam einen Platz auf der Kanzel, um von schräg oben einen Schnappschuss seines Neffen zu ergattern.

Tante Frieda robbt in Pelzjäckchen und Kriegsbemalung zu den Altarstufen, um ihre Nichte auch noch aus der Froschperspektive abzulichten.

Opa Gustav schlägt sich mit Videokamera sogar bis ins Chorgestühl durch, um die Kommunionfeier diesmal von hinten zu filmen.

Kein Wunder, dass viele ein schiefes Bild haben von dem, was wir am Weißen Sonntag feiern ...

Tipps für Weihnachten

Damit Sie auch in diesem Jahr die Weihnachtsgottesdienste frohen Herzens genießen können, sollten Sie sich jetzt schon darauf einstellen und folgende Ratschläge beherzigen:

Kommen Sie rechtzeitig vor Beginn der Gottesdienste und nicken Sie den Neuankommenden freundlich zu – man kennt sich ja noch vom letzten Jahr ...

Falls Sie doch etwas knapp dran sind: Rechnen Sie damit, dass andere Gottesdienstbesucher schon Ihren Stammplatz besetzt und Ihr Sitzkissen in Beschlag genommen haben. Nützen Sie diese Gelegenheit zur Kontaktaufnahme und zu einem freundlichen Gedankenaustausch ...

Freuen Sie sich am neuen Hut der unbekannten Frau vor Ihnen, auch wenn er Ihr ganzes Blickfeld ausfüllt – schon bald wird sich in Ihrer Umgebung wieder eine große Lücke auftun und Ihnen für lange Zeit die Sicht auf den Altar freigeben ...

Vergessen Sie nicht, Ihrem Banknachbarn am Ende des Gottesdienstes „Frohe Ostern" zu wünschen – Sie werden ihn vermutlich erst in einem Jahr wiedersehen ...

„LIEBER EIN LIED AUF DEN LIPPEN ALS EIN PFEIFEN IM OHR" – HEITERE LIMERICKS ZUR MUSIK IM GOTTESDIENST

Ohne Singen und Musizieren
würd' ein Gottesdienst vieles verlieren.
Doch oft muss man hören:
In Orchestern und Chören
können seltsame Dinge passieren.

Auch Organisten, Kantoren
haben's faustdick hinter den Ohren.
Es muss, was sie treiben,
in Erinnerung bleiben –
drum zeigen wir's hier unverfroren.

Also: Tauchen Sie ein in die farbenfrohe Welt der Kirchenmusik ...

Organisten

Ein Dorforganist übt Litaize,
und strapaziert sein Gesaize.
Doch schon beim Prelude
ist des Übens er mude
und sagt ganz enttäuscht: „So ein Kaize!"

Zwei Konsternierte

Der Domorganist von Fribourg
spielte Bachs Toccata C-Dourg.
Dabei brach er den Knöchel –
unter lautem Geröchel
fourg man ihn in die Klinik nach Chourg.

Ein großer Konzertorganist
spielte immer nur Werke von Liszt.
Doch seit Chubby Checker
wurde keck er und kecker
und ersetzte den Liszt durch den Twist.

Ein Orgelschüler aus Peine
verknotete ständig die Beine.
Jetzt spielt er statt Bach
den ganzen Tag Schach –
denn dazu braucht man ja keine.

Ein Orgelspieler aus Brigg
fand die Löcher im Käse sehr schigg.
Deshalb bohrte er noch
in die Pfeifen ein Loch
und erfand so die „Flûte harmonigg."

Kirchenchor

Es sangen zwei Frauen in Lahn
im Kirchenchor immer Sopran.
Doch der Leiter – eiskalt –
setzte sie in den Alt.
Oh je, hätt' er's nur nicht getan.

Ein Kirchenchor reiste nach China
und sang dort nicht nur Palestrina.
Der Alt schwamm zu lang
im Jang - tse - Kiang
und liegt nun im Bett mit Angina.

Zwei Probleme mit alten Tenören:
Erstens können sie nicht mehr gut hören.
Und zweitens – viel schlimmer –
versuchen sie immer,
umso lauter wie Hirsche zu röhren.

Röhrende Tenöre

Fast immer verpatzten zwei Bässe
den Einsatz beim Credo der Messe
von Michael Haydn.
Drum schworen die beiden:
„Hier halten wir lieber ... *den Mund*.“

Ein wilder Bub namens Heinz
war Domsingknabe in Mainz.
Doch er wollt‘ lieber ringen.
Und Talent für das Singen
besaß er in Wirklichkeit keins.

Instrumentalisten

Ein Bläser aus Caen an der Orne
steckte mutig die Hand in sein Horne.
Doch als er beim „Cis"
in den Daumen sich biss,
überkam ihn ein schrecklicher Zorne.

Der Daumen des Hornisten

Ein Cembalospieler aus Brighton
durfte jüngst einen Sänger beglighton.
Der sang zwar vom Licht,
das das Dunkel zerbricht –
doch zunächst brachen nur ein paar Sighton.

Ein Trompeter ließ sich in Boston
seine Extravaganzen was koston:
um sich richtig zu trimmen,
blies er häufig beim Schwimmen
– und ließ sieben Trompeten verroston.

Ein Kapellmeister schimpfte in Bagdad:
„Wer wie Sie weder Rhythmus noch Takt hat,
ist bei uns nicht gefragt!"
Worauf jener verzagt
sein Cello zu Brennholz zerhackt hat.

Ein Mann streicht ein wildes Vivace
und „zersägt" seine wertvolle Brace.
„Eine solche", so spricht er,
„find' ich sicherlich nicht mehr –
selbst wenn ich meilenweit lace."

Bratschist, vom guten Geist verlassen

Ein Musikstudent hatte in Leicester
eine Freundin im selben Semeicester.
Da sie nach dem Examen
großen Nachwuchs bekamen,
gibt's jetzt dort ein Familienorcheicester.

Kantoren

Ein älterer Kantor aus Bingen
bringt nie die Vokale zum Klingen.
Anstatt, dass er's ließe,
heißt seine Devise:
„Dm Hrrn wil ch mmr lbsngn!"

Ein türkischer Christ kam nach Dülmen,
wurde Kantor und sang gern die Psülmen.
Doch schon während der Predigt
war er völlig erledigt
und ging raus, um eine zu quülmen.

„DAS EVANGELIUM KANN NICHT OHNE HUMOR GEPREDIGT WERDEN" – WITZIGE GEDICHTE UND SPRITZIGE EINFÄLLE ZUR FASTNACHT

Seit Langem bringt die Fastnachtszeit
die günstige Gelegenheit,
so manche Dinge, die passieren,
mit viel Humor zu kommentieren.
Man darf in diesen frohen Tagen
den Leuten endlich einmal sagen
– mit einem lächelnden Gesicht – ,
was gut war und was leider nicht;
kann Kirchen- und Gemeindethemen
genüsslich auf die Schippe nehmen,
sich einen Narrenspiegel borgen
und damit für Gelächter sorgen.

Die folgenden Beispiele möchten zeigen, wie man Martin Luthers
Empfehlung einer humorvollen Predigt in die Tat umsetzen kann –
und sie wollen zu eigenen Versuchen anregen ...

„Lieder-liche" Gedanken – Lustiges zum „Gotteslob"

Unser Papst Franziskus ist immer für eine Überraschung gut: Seine spontanen Äußerungen treiben seinem Pressesprecher die Schweißperlen auf die Stirn, seine täglichen Morgenansprachen im Gästehaus des Vatikan stoßen seine Mitarbeiter immer wieder vor den Kopf, und beim Weihnachtsempfang im Dezember 2014 hat er der gesamten Kurie kräftig die Leviten gelesen. 15 Krankheiten hat er aufgezählt, die den Leib der Kurie befallen haben und schwächen. Mein Favorit ist Krankheit Nummer 12 – „Die Krankheit der Totengräbermiene, des Beerdigungsgesichtes."

Papst Franziskus beschreibt sie so: „Es ist die Krankheit der Mürrischen und Griesgrämigen, die meinen, um seriös zu sein, müsse man ein trübsinniges, strenges Gesicht aufsetzen und die anderen … mit Strenge, Härte und Arroganz behandeln. In Wirklichkeit sind theatralische Strenge und steriler Pessimismus oft Symptome von Angst und mangelndem Selbstvertrauen. Der Christ muss sich bemühen, ein freundlicher, unbeschwerter, begeisterter und fröhlicher Mensch zu sein, der Freude verbreitet, wo immer er sich befindet. Ein von Gott erfülltes Herz ist ein glückliches Herz, das Freude ausstrahlt und alle in seiner Umgebung damit ansteckt: Das sieht man sofort! Verlieren wir also nicht jenen fröhlichen, humorvollen Geist, der sogar zur Selbstironie fähig ist, und der die Menschen auch in schwierigen Situationen liebenswürdig sein lässt. Wie gut tut uns eine großzügige Dosis gesunden Humors!"

Die Krankheit der Totengräbermiene, des Beerdigungsgesichtes – wenn mich nicht alles täuscht, ist das eine sehr ansteckende Krankheit. Nicht nur die Kurie ist von ihr betroffen – es sind schon weite Teile unserer Kirche infiziert. Und manchmal habe ich den Eindruck, dass in unseren Gottesdiensten die Ansteckungsgefahr besonders groß ist. Dabei gäbe es gerade hier so viele Gelegenheiten zum Schmunzeln, zu einem vergnügten Lächeln. Ich möchte Ihnen heute verraten, was mich hin und wieder erheitert: Bei manchen Kirchenliedern fallen mir kleine Geschichten ein, die ich gelesen oder gehört habe, Witze oder lustige Anekdoten, die mich zu einem fröhlichen und beschwingten Singen anregen. Und einige Lieder, die neu in unser Gotteslob aufgenommen wurden, sind für mich ein besonders wirksamer „Impfstoff" gegen die Krankheit des Beerdigungsgesichtes.

Zum Beispiel das wunderschöne Abendlied „Der Mond ist aufgegangen". Hier begegnet mir gleich in der ersten Strophe ein ungewöhnlicher Mann. Da heißt es: „Der Wald steht schwarz und schweiget, / und aus den Wiesen steiget / der weiße Nebel wunderbar." Seit ich weiß, dass jemand diese Worte immer so gehört hat: „und aus den Wiesen steiget / der weiße Neger Wumbaba" – seither freue ich mich an dieser sagenhaften Gestalt und denke: Genau das will ja unser Gottesdienst – scheinbar unüberbrückbare Gegensätze sollen zusammenfinden, die ewige Schwarz-Weiß-Malerei soll aufhören, aus Fremden sollen Freunde werden. „Der weiße Neger Wumbaba": Er könnte zum Patron der Versöhnung zwischen Völkern und Rassen werden – und ein Lächeln auf manches mürrische Gesicht zaubern.

Bei einem weiteren Abendlied muss ich ebenfalls schmunzeln: „Weißt du, wieviel Sternlein stehen an dem blauen Himmelszelt?" Wir Erwachsenen zerbrechen uns den Kopf darüber, wer und wie Gott ist – und ein Kind weiß sogar genau, wie das Gebiss Gottes aussieht. Bei der Zeile „Gott, der Herr, hat sie gezählet" singt es immer aus vollem Herzen: „Gott, der Herr, hat sieben Zähne". Das ist eine überschaubare Zahl und lässt mich hoffen, dass wir keinen bissigen, sondern einen menschenfreundlichen Gott haben.

Gott, der Herr, hat sieben Zähne

Völlig überrascht war ich, dass im neuen Gotteslob auch „heiße Eisen" anklingen. Oder hätten Sie gedacht, dass man – mit etwas Fantasie – in einem Lied von Paul Gerhardt das hochaktuelle Thema der Familienplanung entdecken kann? In der 6. Strophe von *„Nun ruhen alle Wälder"* steht zwar der Satz: *„Will Satan mich verschlingen, so lass die Englein singen: ‚Dies Kind soll unverletzet sein'"* – aber viele behaupten, sie würden etwas ganz anderes hören, nämlich: „Dies Kind soll unser letztes sein!" Schön, wenn man in der Kirche so offen und frei über persönliche Dinge reden und singen kann …

Wir feiern, wenn wir uns hier treffen, ein Mahl – und da liegt es nahe, ab und zu im Gottesdienst auch von einem herzhaften Essen und Trinken zu träumen. Wenn zuhause der reichlich gedeckte Mittagstisch wartet, dann kann es schon einmal passieren, dass man sich beim Lied *„Ach bleib mit deiner Gnade"* ein wenig verhört. Der Satz *„dass uns sei hier und dorten / dein Güt und Heil beschert"* klingt dann für manche so: „Dass uns bei Bier und Torten / sei Glück und Heil beschert."

Wahrscheinlich sind es dieselben Kirchgänger, die schon bei *„Allein Gott in der Höh sei Ehr"* an ein üppiges Essen gedacht haben: Bei den Worten *„Nun ist groß Fried ohn Unterlass, / all Fehd hat nun ein Ende"* – da glaubten sie zu hören: „Nun isst Gottfried ohn Unterlass, / Alfred ist schon zu Ende."

Ich muss jedenfalls immer schmunzeln, wenn ich mir Gottfried und Alfred beim Essen ohne Unterlass, beim ewigen Gastmahl im Reich Gottes vorstelle.

Leider haben einige Choräle es nicht ins neue Gotteslob geschafft. Von einem Kind weiß ich, dass es in jedem Gottesdienst nach dem Lied fragt, das so lustig beginnt: „O ho he Hi". Diese Freude hätte man dem Kind wirklich machen können – das „O ho he Hi" hätte bei den Marienliedern sicher noch ein Plätzchen gefunden: *„O hohe Himmelskönigin."*

Vielleicht aber lässt sich dieses Kind trösten mit einem anderen Marienlied, das es an sein kleines Haustier erinnert: „Meerschwein, ich dich grüße" – habe ich schon manche Mädchen und Buben schmettern hören, weil ihnen ein „Meerstern" völlig fremd war. Ich denke, Jesus hätte seine Freude an diesen Kindern, weil sie die ganze Schöpfung, alle Kreaturen in ihr Singen einbeziehen; weil sie auch das Kleine und Unscheinbare grüßen; weil sie die Tiere nicht vergessen.

Sie sehen: Wir sind der Krankheit des Beerdigungsgesichtes nicht hilflos ausgeliefert. Wenn wir uns hin und wieder ein wenig verhören, hätte das Lächeln mehr Platz in unseren Gottesdiensten, und der Humor müsste in unserer Kirche kein Schattendasein führen. Der jüdische Religionsphilosoph Martin Buber bringt es auf den Punkt: „Wenn ein Mensch nur Glauben hat, steht er in der Gefahr, bigott zu werden. Hat er nur Humor, läuft er Gefahr, zynisch zu werden. Besitzt er aber Glaube und Humor, dann findet er das richtige Gleichgewicht, mit dem er das Leben bestehen kann."

Ich wünsche uns, dass wir dieses Gleichgewicht finden, und dass Beerdigungsgesichter in unseren Gottesdiensten immer seltener werden ...

Sei ein Narr um Christi willen! – Fastnachtspredigt zu 2 Kor 11,16-19 und Lk 7,31-35

Viele Leute sagen: Wer heute noch in die Kirche geht, der ist ein Narr. Und wir können diesen Leuten ohne weiteres recht geben. Wir sollten sogar noch einen Schritt weitergehen und sagen: Alle, die den christlichen Glauben ernst nehmen, müssten eigentlich kleine Narren sein. Schließlich wollen wir uns ja an Jesus Christus orientieren, der schon für seine ersten Anhänger so etwas wie ein heiliger Narr gewesen sein muss;

- der wie ein Hofnarr eingefahrene schlechte Sitten verspottet und vor gekrönten Häuptern keine Angst kennt;
- der wie ein wandernder Troubadour keinen Ort hat, wohin er sein Haupt legen kann;
- der wie ein Bänkelsänger Banketts und Partys besucht.

Und schließlich wollen wir uns ja auch an den ersten Glaubenszeugen, an den Aposteln, ausrichten,

- die sich selbst, wie Paulus einmal schreibt, als „Narren um Christi willen" bezeichnen;
- die wissen, dass sie in den Augen der Welt als Narren dastehen;

– die aber gleichzeitig davon überzeugt sind, dass sich gerade
in ihrer Schwäche Gottes Kraft erweist.

Wenn ich jetzt ein wenig ausmale, was das heißen könnte, Nachfolge Jesu als Narrsein zu verstehen;

    wenn ich jeder und jedem von Ihnen den Rat gebe: Sei ein Narr
um Christi willen! – dann kann ich das, wenn es überzeugend
sein soll, auch nur im Stil eines Narren tun, mit einem Schuss
hintergründigem Humor, mit ein paar Reimen zu manchen Un-
gereimtheiten unseres Lebens:

Im Zirkus herrscht ein buntes Treiben,
die Spannung kitzelt Aug' und Ohr,
doch würde alles farblos bleiben,
käm' zwischendurch kein Clown hervor.
Und wenn die Welt, in der wir leben,
oft wie ein großer Zirkus ist,
dann muss es darin Narren geben –
sonst wäre vieles ziemlich trist.

Vor allem ist der Narr im Glauben,
um Christi willen heut' gefragt,
weil er das Hör'n und Seh'n den Tauben
und Blinden neu zu lehren wagt;
weil er den Mut hat, für die Kleinen
und Ungeliebten einzustehen;
weil er uns hilft, mit eignen Beinen
den Weg der Menschlichkeit zu gehen.
Es sind wohl vier besondre Gaben,
Talente oder Fähigkeiten,
die Narren mitbekommen haben,
uns durch den Zirkus Welt zu leiten.

In diesem Zirkus gibt's Artisten,
die halten es für eine Kunst,
sich in Systemen einzunisten –
vom Leben keinen blassen Dunst.

Sie bau'n Gedankenpyramiden,
wo's auf den Millimeter stimmt,
und sind erst dann mit sich zufrieden,
ist alles schön zurechtgetrimmt.
Gleich einem Drahtseilakrobaten
gehn sie nur stur geradeaus,
und ist einmal ein Schritt missraten,
zerfällt ihr Lebenskartenhaus.
Um viele falsche Sicherheiten
zu stören und zu untergraben,
da braucht es – grad' in unsren Breiten –
die erste von den Narren-Gaben:
die Gabe, selbst ver-rückt zu sein
in dieses Wortes wahrstem Sinn –
ver-rückt zum Sein und weg vom Schein,
ver-rückt zur Lebens-Mitte hin.
Die hat für Christen einen Namen,
den Namen Jesu, unsres Herrn.
Und alle, die ihm näherkamen,
ertragen die Ver-rücktheit gern.
Sie spüren, von ihm infiziert,
da könnte unser Leben glücken.
Und wer's mit ihm einmal probiert,
der will auch andere ver-rücken.
Der will Erstarrtes wieder lösen
und Menschen in Bewegung bringen –
zum Guten hin und weg vom Bösen –
und manchmal wird's ihm auch gelingen.

Drum: Sei ein Narr um Christi willen,
ein Clown im großen Zirkus Welt.
Zeig – mal ganz kräftig, mal im Stillen –
was dich im Leben trägt und hält.

Es wimmelt nur so von Dompteuren
in der Manege unsrer Zeit,
und ihr Kommando überhören

bedeutet meistens Druck und Streit.
Auf ihren Pfiff, ihr Peitschenknallen
soll'n wir vor ihnen Männchen machen,
und wehe, einer zeigt die Krallen –
der hat dann wahrlich nichts zu lachen.
Wir sollen wie dressierte Pferde
in der Arena galoppieren,
und wie die Elefantenherde
ganz brav im Kreis herummarschieren.
Auch auf dem Feld, das Glauben heißt,
gibt es Dompteure, die probieren,
die Taube, unsern Heil'gen Geist,
zur Kunstflugschau zu drangsalieren.
Um diese Arten der Dressur
von Zeit zu Zeit zu unterbinden,
da müsste man im Grunde nur
genügend Clowns und Narren finden,
die Gabe Nummer zwei besitzen:
die Gabe, wirklich frei zu sein,
und die mit Charme und guten Witzen
den Mächtigen der Welt ans Bein
und kräftig an den Karren fahren,
weil sie die Freiheit Jesu spüren;
die fest vertrau'n mit Haut und Haaren:
Der Herr wird uns ins Weite führen.
Wer ganz aus diesem Glauben leben
und seine Welt verändern will,
kann Narren-Freiheit weitergeben,
den andern helfen, Zwang und Drill
nicht widerstandslos zu ertragen,
und nicht zu tanzen, wenn wer pfeift.
Ein Narr kann ohne Weit'res wagen,
zu warten, wie ein andrer reift,
wie einer seine Fähigkeiten
und Gaben richtig frei entfaltet,
und dann mit seinen Eigenheiten
sein Leben schöpferisch gestaltet.

Drum: Sei ein Narr um Christi willen,
ein Clown im großen Zirkus Welt.
Zeig – mal ganz kräftig, mal im Stillen –
was dich im Leben trägt und hält.

Der Heilige Geist lässt sich nicht dressieren

Es hängen manche am Trapez
ganz oben unterm Zirkusdach
und denken, alles läge stets
ganz unten nur vor ihnen flach.
Sie schweben über unsre Köpfe,
schau'n gern auf uns herab und meinen,
sie wären bessere Geschöpfe
als all die vielen andern Kleinen.
Selbst in der Kirche kann's passieren,

dass über unsre Köpfe weg
ein paar sehr wirkungsvoll agieren
mit kleinen Tricks und manchem Gag.
Zum Glück gibt's da noch unsre Narren,
die Gabe Nummer drei besitzen;
die heißt: am Boden auszuharren
und da zu rackern und zu schwitzen.
Wer diese Gabe hat, steht selten
im Blickpunkt und im Rampenlicht.
Der Beifallssturm wird andern gelten,
und angehimmelt wird er nicht.
Auf keine seiner Aktionen
weist lauter Trommelwirbel hin,
und dennoch will er sich nicht schonen
und schielt auch nicht nach dem Gewinn.
Er geht ganz einfach zu den Kleinen,
zu denen, die am Boden sind.
Er tröstet die, die heimlich weinen,
er sieht den Alten und das Kind.
Wie Jesus bleibt er boden-ständig,
gewinnt an Narren-Sicherheit,
hilft dort, wo Not ist, eigenhändig
und sagt stets neu: „Ich bin bereit!"
Ich meine fast, gerade heute,
wo viele an die Decke gehen,
da brauchen wir genügend Leute,
die ganz bewusst noch unten stehen.

Drum: Sei ein Narr um Christi willen,
ein Clown im großen Zirkus Welt.
Zeig – mal ganz kräftig, mal im Stillen –,
was dich im Leben trägt und hält.

Es gibt dann noch im Zirkusrund
der Welt ein großes Publikum.
Das starrt mit aufgesperrtem Mund
auf die Akteure – und ist stumm.

Zu viele möchten passiv bleiben
und von der Welttribüne sehen,
wie andere im Zirkustreiben
wohl ihre Lebensrunden drehen.
Das ist die Generation,
von welcher Jesus einmal sagt:
„Die motiviert kein Flötenton!"
und über die er sich beklagt.
Die Menschen, meint er, gleichen Kindern,
die oft nicht wissen, was sie sollen,
die lustlos jedes Spiel verhindern
und so apathisch bleiben wollen.
Um diese sturen, satten Massen
aus ihrer Lethargie zu wecken,
da braucht's schon Narren aller Rassen,
die Gabe vier bei sich entdecken:
die Gabe, unbeschwert zu träumen
und Utopien zu entfalten;
die Gabe, ja nichts zu versäumen,
dass Neues wächst aus allem Alten.
Wir brauchen Menschen, die sich wehren,
Gewohntes einfach fortzuschreiben,
die nicht von Altbekanntem zehren
und unbeweglich sitzen bleiben.
Wir brauchen welche, die probieren,
uns mit dem Evangelium
und seinem Traum zu faszinieren;
die zu uns sagen: „Seid nicht dumm!
Kommt, spielt mit uns das Spiel des Lebens,
baut mit am neuen Menschenhaus!
Plagt euch doch nicht allein – vergebens,
lasst das, was in euch steckt, heraus."

Drum: Sei ein Narr um Christi willen,
ein Clown im großen Zirkus Welt.
Zeig – mal ganz kräftig, mal im Stillen –
was dich im Leben trägt und hält.

Ich glaube, jede und jeder von uns hat wenigstens eine von diesen vier Gaben eines Narren um Christi willen mitbekommen:

- die Gabe, ver-rückt zu sein, in die Nähe Jesu ge-rückt zu sein;
- oder die Gabe, frei zu sein, eine Spur Ge-löstheit, die ein äußeres Zeichen ist für das Geschenk der Er-löstheit;
- oder die Gabe, auf dem Boden zu bleiben und nach denen zu schauen, die am Boden sind;
- oder die Gabe, zu träumen und Möglichkeiten zu entdecken, wie ein Stück Himmel bei uns Wirklichkeit werden kann.

Ich wünsche uns, dass wir diese Gaben ausspielen. Und ich wünsche uns dabei immer mehr Mitspieler und immer weniger Zuschauer.

Franz von Assisi an Papst Franziskus

Im März 2013 wurde der argentinische Kardinal Bergoglio zum Papst gewählt. Er erzählt später: Als er im Konklave die Zweidrittelmehrheit erreicht habe, hätte ihm sein Nebensitzer zugeflüstert: „Vergiss die Armen nicht!" Da sei ihm spontan der Gedanke gekommen, sich nach dem armen und fröhlichen Franz von Assisi zu nennen.

Ich bin heute einmal in die Rolle seines Namenspatrons geschlüpft und habe mir zusammengereimt, was Franz von Assisi wohl zu Papst Franziskus sagen würde – wie Franz die ersten Jahre des neuen Papstes wohl kommentieren würde:

Franziskus, lieber Freund und Bruder,
acht Jahre bist du nun am Ruder
des Schiffleins, das sich Kirche nennt.
Du führst es gut und kompetent
durch diese turbulenten Zeiten –
und eines kann man nicht bestreiten:

Du lässt dir auch bei Sturm und Wellen
Humor und Freude nicht vergällen
und kannst durch dein charmantes Lächeln
die Christen stärken, wenn sie schwächeln.

Franz von Assisi im Dialog mit Papst Franziskus

Allein schon deine Namenswahl
war ein erfreuliches Signal:
Dass ich – der lustige Gesell,
erfrischend unkonventionell
und stets zu Späßen aufgelegt,
der häufig Ärgernis erregt –

dass ich, der arme Bruder Franz,
dein Vorbild bin, erfüllt mich ganz
und gar mit großer Dankbarkeit.
Mein Wunsch an dich ist: Sei bereit,
den Namen zum Programm zu machen,
und lass die Christen herzlich lachen.

Das ist dir – hört man – schnell geglückt:
Dein Diener war zwar nicht entzückt
und musste streng die Stirne runzeln –
doch alle andern konnten schmunzeln:
Da hatte dir doch dieser Brave
– wie's üblich ist nach dem Konklave –
fein säuberlich zurecht gelegt,
was man als Papst zu tragen pflegt
beim ersten Auftritt vor den Massen –
zum Grüßen und sich grüßen lassen:
den Hermelin, die roten Schuhe …
und da sagst du in aller Ruhe:
„Zieh' dir das an! Mach kein Geschrei!
Der Karneval ist jetzt vorbei!" –
und zeigst dich ohne Goldbesatz
den Menschen auf dem Petersplatz.

Franziskus, solche flotten Sprüche,
die bringen dich in Teufels Küche
bei vielen treuen Katholiken,
die ganz fixiert sind auf Rubriken,
die sich an alle Regeln klammern
und jegliche Reform bejammern.
Doch mir – da müsste ich schon lügen –
bereiten sie ein Mordsvergnügen.

Und deshalb bin ich auch so froh,
dass jeden Tag das Radio
des Vatikan uns informiert,
was du am Morgen – inspiriert

durchs Evangelium – uns sagst,
wenn du – was du sehr gerne magst –
spontan und frei und grad heraus
die Predigt hältst im Gästehaus:

Ein Gräuel sind dir alle tristen,
verbitterten, verzagten Christen.
Und du vergleichst dann ihr Gesicht
– sehr fein ist das nun wirklich nicht –
mit essig-konservierten roten
zerknittert-alten Chilischoten.
Du warnst – auch das ging durch die Presse –
in einer andern Morgenmesse,
den Sport des Jammerns zu trainieren,
und immer nur zu lamentieren.
Du meinst – und das aus guten Gründen –,
man könne Christus nur verkünden
mit einem Lächeln, das gewinnt.
Sonst sagen andere: Ihr spinnt.
Wer freudlos von der Freude spricht,
der überzeugt uns sicher nicht!
Von einem sauertöpfisch-Frommen
kann keine Frohe Botschaft kommen!

Seit du im Amt bist, schwärmst du schon
von deiner Kirchenvision,
und willst in eindrucksvollen Bildern
uns deine Vorstellungen schildern:
So wie ein Lazarett im Feld
siehst du die Kirche in der Welt.
Sie soll die vielen Wunden heilen
und stets das Schicksal derer teilen,
die sich im Lebenskampf verletzen;
soll sich bewusst zu denen setzen,
die krank sind und auf Hilfe hoffen;
soll einfühlsam sein, gut und offen.

Gerade diese Offenheit
erwartest du nicht nur im Leid.
Sie muss das Markenzeichen sein
für unsre Kirche allgemein.
Du nennst sie gern ein Haus mit Türen,
die alle in die Freiheit führen.
Und gäbe es – für Kind und Greis –
den Christen-Personalausweis,
dann wäre dort – hör' ich dich sagen –
als Merkmal „Freiheit" einzutragen.
„Salon-Christ" und „Museums-Christ" –
so nennst du jeden, der vergisst,
für diese Freiheit einzustehen
und mit ihr in die Welt zu gehen.

Die Kirche, die sich das nicht traut,
die hohe Mauern um sich baut –
die liegt – meinst du – gewaltig schief,
erstickt an ihrem eignen Mief.
Natürlich siehst du auch ganz klar:
Da draußen lauert die Gefahr.
Wer auf die Straße geht, riskiert,
dass ihm im Freien was passiert,
dass er dort einen Unfall baut.
Doch dir sei – sagst du oft und laut –
eine verbeulte Kirche lieber,
als eine, die die schweren Schieber
an ihren Toren fest verschließt
und sich das Leben selbst vermiest.
Ein Durcheinander, viel Bewegung
willst du – statt Christen ohne Regung,
die keinen Schritt zum anderen wagen,
und nur die böse Welt beklagen.

Und schließlich findest du echt ätzend,
wenn deine Schäfchen sich nur schwätzend,
als Plaudertaschen präsentieren.

Das wird die Kirche destruieren –
befürchtest du und fügst dann an,
wie übel Schwätzen wirken kann:
Es sei wie Honigbonbons naschen –
man stopft sie erst in seine Taschen
und dann genüsslich in den Mund:
in großer Zahl sehr ungesund!
Am Schluss bleibt Bauchweh stets zurück.
So bringt das Schwätzen auch kein Glück:
Am Anfang ist's noch angenehm,
doch bald schon wird es unbequem,
verdirbt die Seele und zerstört
auch jeden, der's begierig hört.

Franziskus, das tut wirklich gut,
dass du mit Fantasie und Mut
uns neue Kirchenbilder schenkst
und nicht in alten Bahnen denkst;
dass du ganz frische Worte findest,
verbrauchte Floskeln überwindest;
dass du so unbekümmert predigst
und deine Kritiker erledigst.

Doch was dich auf die Palme bringt
und oft zu scharfen Worten zwingt –
das sind im Klerus die Gestalten,
die sich für etwas Bess'res halten:
Du nennst sie gerne „Pfauen-Priester" –
narzisstische und eitle Biester,
im Blick nur ihre Karriere,
Fassade schön, doch innen Leere.
Und so ein „Zuckerbäcker-Christ",
der glänzt, doch ohne Inhalt ist –
der macht dir – sagst du klar und laut –
noch immer eine Gänsehaut.
Um nun bei diesen eitlen Fratzen
den Lack ein wenig abzukratzen,

hast du – das find' ich sagenhaft –
die Ehrentitel abgeschafft.
Die noch vom „Monsignore" träumen,
seh' ich im Geist vor Wut schon schäumen.
Und viele Schneider werden zittern,
weil sie zu Recht Verluste wittern:
Wer kauft dann jetzt noch rote Bänder
und die besonderen Gewänder?
Wer braucht dann noch den extra Kittel
ganz ohne einen Ehrentitel?

Franziskus tadelt einen Pfauen-Priester

Franziskus, lass dich nicht beirren
von Schmeichlern, die dich noch umschwirren.
Geh deinen Weg beharrlich weiter
und suche dir genügend Streiter,

die mutig deinen Traum verfechten –
von einer ehrlichen und echten
und armen Kirche, die sich gern
bewegt auf Spuren ihres Herrn.
Erwähle Hirten, die nicht schlafen,
die sich nicht scheuen, nach den Schafen
zu riechen statt nach Weihrauchschwaden,
und die sich nicht im Reichtum baden.

Als Letztes möchte ich mich heute
 – und das im Namen vieler Leute –
bedanken für dein erstes Schreiben:
Wir sollen in der Freude bleiben,
die aus der Botschaft Jesu wächst –
um dieses Thema kreist dein Text.
Die Welt mit Freude infizieren –
dazu willst du uns inspirieren.
Um diesen Wunsch zu unterstreichen,
greifst du zu drastischen Vergleichen:
Wer mit „Beerdigungsgesicht"
herumläuft, der wird sicher nicht
Interesse für den Glauben wecken.
Im Gegenteil – er wird erschrecken
und andere zur Abwehr reizen,
anstatt ein Feuer anzuheizen.
Ich hoffe nur, dass viele lesen,
was du als Quintessenz und Wesen
des Evangeliums betrachtest
und jetzt noch einmal deutlich machtest.

Franziskus, lieber Namensvetter,
die Kirche braucht dich sehr als Retter,
der sie von ihrer Schwermut heilt
und seinen Frohsinn mit ihr teilt.
Streu bei uns aus der Freude Samen!
Das wünschen wir uns alle. Amen!

Die etwas andere Liturgiereform

Fastnachtssonntag. Nach dem Motto „Reim dich oder ich friss dich"
werden in den Gottesdiensten heute fast überall mehr oder weniger
witzige Verse geschmiedet, um die Leute zum Lachen zu bringen.
Ich möchte Ihnen ein Kontrastprogramm anbieten und mich jetzt
einem ernsten Thema zuwenden. Vor fast 60 Jahren hat das Zweite
Vatikanische Konzil die Liturgiereform verabschiedet. Seither fei-
ern wir zum Beispiel die Messe in Deutsch, und der Priester steht
am Altar der Gemeinde zugewandt. Aber müsste die Reform nicht
weitergehen? Und gibt es bei uns dafür nicht interessante Ansätze?
Diesen Fragen möchte ich jetzt mit Ihnen nachgehen:

Der Gottesdienst, so hört man klagen,
sei oft nur schwerlich zu ertragen.
Denn manches wäre schon seit Jahren
erstarrt und völlig eingefahren.
Man klebt an überholten Normen –
doch alle warten auf Reformen,
die gerne beten, singen, feiern,
die nicht nur das herunterleiern
und geistlos wiederholen wollen,
was sie als treue Schäfchen sollen.

Vor Kurzem erst hab ich entdeckt,
wie kreativ und aufgeweckt,
wie genial und inspiriert
man hier erfolgreich ausprobiert,
den Gottesdiensten neues Leben
und wieder Pfiff und Schwung zu geben.
Sie zögern noch, mir das zu glauben?
Es wird den Atem Ihnen rauben,
was Sie jetzt gleich darüber hören –
doch: alles wahr, das kann ich schwören!

Landauf, landab wird ungeniert
die Liturgie oft kritisiert:
sie sei zu monoton, zu statisch.
Die Folge wäre automatisch
die Langeweile und der Frust,
und man verliere schnell die Lust
und würde solche faden Messen
am liebsten meiden und vergessen.

Von wegen: öd und monoton:
Wir praktizieren lange schon
die neue „Handy-Liturgie" –
so quirlig war es früher nie!
Von überall her kommen schöne
und ganz aparte Klingeltöne.
Kaum zeigt ein Handy eine Regung,
ist die Gemeinde in Bewegung:
Wenn's unterm Mantel zweimal rasselt,
dann rennt man schnell hinaus und quasselt.

Natürlich könnten alle schon
für das mobile Telefon
noch einen tiefen Grund benennen,
den sie aus mancher Predigt kennen.
Wie oft gab ich hier diesen Rat:
Wir sollten uns den heißen Draht
zu Gott und Christus gut bewahren,
und selbst nach vielen Glaubensjahren
noch stets bereit sein – froh und gern –
für einen Anruf unsres Herrn.

Das könnte ganz bestimmt auch mir
nicht schaden – und so will ich hier
in unsrer Kirche demnächst testen,
wie es wohl wirkt, an hohen Festen
beim Gabengang mit frischem Singen
ein Handy zum Altar zu bringen.

So feiern wir mit Fantasie
die etwas andre Liturgie.

Wenn unser Beispiel Schule macht,
und Rom erfährt, wie über Nacht
in Kirchen auf der ganzen Welt
das Leben wieder Einzug hält –
dann gibt's – ich übertreibe nicht –
bald überall die Handy-Pflicht.

Was hab ich in den letzten Wochen
mir Tag und Nacht den Kopf zerbrochen
und mich gefragt: Was läuft hier schief?
Sind das die Geister, die ich rief?
Ich wollte doch vor allen Dingen
den Menschen Frohe Botschaft bringen
und ihnen zeigen, dass ein Christ
erlöst, gelassen, heiter ist.

Doch wenn ich hier am Ambo stehe –
Sie glauben gar nicht, was ich sehe:
Gesichter, alle ernst und streng,
versteinert fast, die Lippen eng,
die Mienen hart und ganz verbissen.
Was ist denn da nur eingerissen?
Als ich dann bei Jesaja fand,
wie er sich als Prophet verstand,
da wurde mir auf einmal klar,
was Hintergrund des Ganzen war:
„Ich mache", schreibt er, „mein Gesicht
so hart wie Kiesel" – und verspricht,
die Müden wieder wachzurütteln
und Lasche kräftig durchzuschütteln.

Ich denke nie mehr: „Liebe Leute,
was seid ihr denn so mürrisch heute?"
Jetzt weiß ich nämlich zur Genüge:

die strengen, kieselharten Züge
sind nur ein deutliches Signal,
das mich ermuntert: „Schau doch mal!
Wer hat denn schon in diesem Maße
wie du Propheten vor der Nase,
die sich ganz ernst darauf besinnen,
für Gott die Menschen zu gewinnen?
Sei froh, denn die ‚Gesichts-Reform‘
hilft unsrer Kirche ganz enorm.
Ihr fehlt ja, wie du sicher weißt,
lebendiger Prophetengeist."

So feiern wir mit Fantasie
die etwas andre Liturgie.

Der Friedensgruß war in den Messen
seit langer Zeit total vergessen,
bis dann vor etwa 60 Jahren
Konzil und Papst sich einig waren,
es sei gewiss das Allerbeste,
im Gottesdienst durch eine Geste –
durch einen Handschlag zu betonen:
bei uns hier soll der Friede wohnen.
Wir sind es, die durch Wort und Leben
ihn aneinander weitergeben.

Doch dieser Ritus hat nicht allen
im Vatikan so gut gefallen:
zu viel Geplapper sei zu hören
und würde nur die Andacht stören.
Es kam – Sie ahnen's sicher schon –
aus Rom bald eine Instruktion.
Die sagt ganz klar und ziemlich scharf,
was man von jetzt an nicht mehr darf:
Sich umdrehn ist nun untersagt,
und weh dem Pfarrer, der es wagt,
auf die Gemeinde zuzugehen

und nicht mehr am Altar zu stehen!

Doch Christen hier in großer Zahl
– mit kreativem Potenzial –
entwickeln eine neue Form.
Vielleicht macht Rom sie bald zur Norm:
das sogenannte „Friedens-Nicken" –
mit freundlichen, dezenten Blicken.
Der Kopf, zur Seite leicht geneigt,
der Mund, mild lächelnd – all das zeigt:
Wir wünschen Frieden mit viel Stil,
sehr hygienisch und steril.

Die Friedensnicker

So feiern wir mit Fantasie
die etwas andre Liturgie.

Das Friedens-Nicken hat bis jetzt
sich zwar noch nicht ganz durchgesetzt.
Doch – denke ich – auf lange Sicht
verhindern wir das Nicken nicht ...

Dynamik, Flexibilität –
das ist's, was man der Kirche rät.
Denn ihre Regeln seien starr
und auch bisweilen sehr bizarr.
Minutiös sei festgelegt,
wer wann sich wo und wie bewegt.
Auf die Sekunde müsse passen,
was Christen tun und was sie lassen.

Doch wir hier machen einen Test –
versuchen, uns den letzten Rest
an inn'rer Freiheit zu bewahren:
Wir proben schon seit ein paar Jahren
den offenen Beginn der Messe,
und spüren großes Interesse
bei Distanzierten wie bei Frommen.
Man muss jetzt nicht mehr pünktlich kommen,
nicht hetzen und sich nicht mehr sputen.
Die Gleitzeit – etwa zehn Minuten –
gibt Spielraum in der Zeitgestaltung,
Gelassenheit, entspannte Haltung;
sorgt für Bewegung, macht den Start
des Gottesdienstes ganz apart.

So feiern wir mit Fantasie
die etwas andre Liturgie.

Die „Feier-Gleitzeit" – hier erprobt –
wird andernorts auch sehr gelobt.
Und die Gewerkschaft sieht uns schon
als Vorbild ihrer Vision.
Was „IG Wachs und Weihrauch" plant –
wir haben ihr den Weg gebahnt.
Flexible Dienstzeit ist der Hit
und meint den „Gottes-Dienst" stets mit.

Der Kirchenschlaf sei zwar gesund –
jedoch der biblische Befund
sagt klar: „Ihr sollt den Schlaf vertreiben
und jederzeit sehr wachsam bleiben!"
Uns ist in diesen heil'gen Hallen
dazu ein Ritus eingefallen:
Die Kniebank lässt sich gut bewegen –
mal hoch und mal nach unten legen.
Wenn jemand denkt, es ist so weit,
dann lässt er sie von Zeit zu Zeit
geräuschvoll auf den Boden krachen,
dass sogar Taube schnell erwachen.
Auf einen Schlag ist alles munter –
die Messe wird sofort viel bunter,
ein bisschen lauter obendrein.
Zudem fährt uns durch Mark und Bein,
was Jesus sagt mit viel Gespür:
„Ich stehe hier vor eurer Tür.
Ich klopfe immer wieder an
und hoffe, mir wird aufgetan."
Das geniale Kniebank-Klopfen
sagt: „Nur die Ohren nicht verstopfen!
Nicht schläfrig werden oder träumen!
Das Kommen Jesu nicht versäumen!"

So feiern wir mit Fantasie
die etwas andre Liturgie.

Ich gebe zu – mit einem Grinsen –
es geht auch manches in die Binsen,
was wir an Neuem ausprobieren.
Ein Beispiel will ich präsentieren:
Die Mesnerinnen seh'n nicht gern
viel Geld im Hause unsres Herrn.
Es trübt – so denken sie – den Blick.
Sie haben nun mit einem Trick
den schnöden Mammon kurzerhand
aus unsrem Kirchenraum verbannt.
Sie sperrten – diese schlauen Füchse –
in ihren Schrank die Opferbüchse.
Doch das ging grandios daneben:
Sie mussten nämlich miterleben,
wie Menschen nun total verwirrt
minutenlang umhergeirrt
und schließlich völlig durch den Wind
in eine Bank gesunken sind.
Sie wollten, ohne was zu spenden,
den Gottesdienst hier nicht beenden.

Nur einer – den vergess' ich nicht –
stand, mit Verzweiflung im Gesicht,
in Reih' und Glied im Mittelgang
bereit zum Kommunionempfang,
und wild entschlossen, jetzt sein Geld
zu spenden für die arme Welt.
Er warf den 20-Euro-Schein
blitzschnell in meinen Kelch mit Wein,
und ging voll Stolz und voller Glück
danach in seine Bank zurück.

Ein solcher Flop entfacht zumeist,
von Neuem den Erfindergeist,
so dass wir weiteren Ideen
schon jetzt gespannt entgegensehen.

So feiern wir mit Fantasie
die etwas andre Liturgie.

Ich hätte eine lange Liste
und könnt' in der Reformenkiste
genüsslich jetzt noch weiterkramen.
Doch ich mach's kurz – und sage: Amen.

„DAS KANNST DU NICHT AHNEN"– BÖSE ÜBERRASCHUNGEN IN UNSEREN KIRCHEN

Die beiden letzten Jahre haben das Erscheinungsbild unserer Gemeinden, Kirchen und Gottesdienste stark verändert. Überall hat sich das Corona-Virus eingeschlichen.

Erst in jüngster Zeit wurde eine ganz gefährliche Variante entdeckt, die besonders Bilder und Statuen befällt und an Stellen auftaucht, wo wir es nie vermuten würden. Die Infektionsgefahr ist enorm hoch.

Einige erschütternde Beispiele können wir Ihnen leider nicht ersparen.

Erschrecken Sie nicht ...

Adam und Eva

Ist Adam inzwischen immun gegen Evas seltsame Geschenke?

Jakobus als Pilger

Weiß Jakobus um die Gefahr, die ihn auf Schritt und Tritt begleitet?

Ottilia

Hat Ottilia schon erkannt, dass diese Virus-Mutante auch die Augen angreift?

Nikolaus von Myra

Muss sich Nikolaus um seine goldenen Kugeln Sorgen machen?